与改革同行 II

中国改革开放和伟大复兴

李佐军　田惠敏◎编著

CHINA'S REFORM AND OPENING UP AND GREAT REJUVENATION

中国经济出版社
CHINA ECONOMIC PUBLISHING HOUSE
北 京

图书在版编目（CIP）数据

与改革同行：中国改革开放和伟大复兴．Ⅱ／李佐军，田惠敏编著．—北京：中国经济出版社，2021.1
ISBN 978－7－5136－6301－4

Ⅰ．①与…　Ⅱ．①李…　②田…　Ⅲ．①改革开放－研究－中国　Ⅳ．①D61

中国版本图书馆 CIP 数据核字（2020）第 166909 号

责任编辑　杨　莹
文字编辑　郑潇伟
责任印制　巢新强
封面设计　久品轩

出版发行　中国经济出版社
印 刷 者　北京九州迅驰传媒文化有限公司
经 销 者　各地新华书店
开　　本　787mm×1092mm　1/16
印　　张　16.5
字　　数　245 千字
版　　次　2021 年 1 月第 1 版
印　　次　2021 年 1 月第 1 次
定　　价　98.00 元
广告经营许可证　京西工商广字第 8179 号

中国经济出版社　**网址** www.economyph.com　**社址** 北京市东城区安定门外大街 58 号　**邮编** 100011

序　一

行走于历史长河,那些被铭记的特殊岁月警醒世人,并给予后者不断前行的力量。2018 年正是如此。2018 年,中国迎来改革开放 40 周年,以习近平同志为核心的党中央,在前所未有的深度和广度上,以深谋远虑、深化变革、深刻重构的国家治理体系和治理能力现代化的大力度改革,将中国特色社会主义伟大事业推向新境界。

1956 年,《人民日报》发表了一篇我的文章,题目是《企业要有一定的自主权》,并配了一幅漫画,漫画内容是“一个企业为了买打字机,坐火车到北京来请示,部里的领导办公桌上已经堆了厚厚一摞的审批文件”。这也是我当时在一机部工作时的切身体会,企业体制弊病已经到了非改不可的地步。由于当时的特殊环境,这篇文章发表后,我差点被划为“右派”。2018 年是改革开放 40 周年,如果从 1956 年算起,历史和时代将我和经济体制改革问题连在一起已经整整 62 年。

回首改革开放的基本历程,我进行了梳理。总的来看,中国的经济体制改革是从农村到城市,从经济领域到其他各个领域全面展开的。到目前为止,这一历程大致可以划分为目标探索、框架构建、体制完善和“五位一体”全面深化改革四个阶段。

第一阶段:改革的启动和目标探索阶段。自 1978 年党的十一届三中全会到党的十四大确立我国实行社会主义市场经济体制是改革的启动和目标探索阶段。改革首先从农村开始,逐步向城市推进;对外开放从兴办经济特区开始,向开放沿海、沿江乃至内地推进。

第二阶段:社会主义市场经济体制框架初步建立阶段。以党的十四大确立社会主义市场经济体制的改革目标、党的十四届三中全会通过《关于建立社会主义市场经济体制若干问题的决定》为标志,我国正式确立社会主义市场经济的改革方向和基本内容。到2002年,社会主义市场经济体制的基本框架初步建立。

第三阶段:社会主义市场经济体制的初步完善阶段。党的十六大提出,到2020年建成完善的社会主义市场经济体制的改革目标,党的十六届三中全会对建设完善的社会主义市场经济体制作出全面部署。与此同时,党中央总结提出科学发展观和构建社会主义和谐社会的重大战略构想,作为深化改革的重要指导思想。至此,我国改革进入完善社会主义市场经济体制的新阶段。

第四阶段:"五位一体"全面深化改革的新阶段。2012年党的十八大召开,选举产生了党的新一届领导核心。在党中央的坚强领导下,我国不仅有效应对复杂国际政治经济环境的风云变幻,更在相当不利的条件下取得了经济的中高速平稳增长。党的十八届三中全会作出的《中共中央关于全面深化改革若干问题的决定》明确表明,改革不再拘泥于经济体制改革领域,而是涵盖社会、政治、文化及生态文明"五位一体"的全面改革。与此同时,为落实这些改革内容,中央全面深化改革领导小组已召开了37次会议,会议内容囊括了农村集体土地制度改革、司法体制改革、财税体制改革等在过去的改革中一直难以解决甚至回避的诸多议题,彰显了新的领导集体直面改革难点的勇气。

40年来,我们沿着中国特色的社会主义道路不断前进,历经了从计划经济到商品经济,再到市场经济的探索;从无到有,构建了中国的社会主义市场经济体系并不断进行完善;扭转了"文化大革命"的动荡混乱,走向依法治国并不断提高国家治理水平。可以自豪地说,中国的改革事业取得了不可磨灭的成就。

这些都是我亲身经历了改革开放全过程的感悟,更多的是一种经验之谈。李佐军与田惠敏的《与改革同行》系列图书纵览改革开放40年,以五年作为一个跨度，从不同的视角勾勒出一个清晰的历史脉络。书中记载了详尽的历史事件和数据，针对改革工作给出了详尽的分析与客观的评价。作为体制改革的直接参与者和实践者，我了解其发展过程，目睹其成就，书中的记录唤起了我对这些年改革工作的回忆。改革历史精彩丰富，非我一个人或一本书所能陈述清楚。希望本书能够成为记载我国改革开放历程、经得住历史和后人检验的书。

著 名 经 济 学 家
原国家体改委副主任 高尚全

序　二

自1978年后期开启改革开放至今已经40多年。40多年的改革取得了非常大的成就,但改革的进程并非一帆风顺,经历了一些曲折甚至反复。在纪念改革开放40周年之际,我们应当认真回顾40年来改革的历程、深刻总结其中的经验和教训以此来推进未来的改革事业。

中国40年改革是在不断探索中前行的。

20世纪80年代,改革在计划与市场之间摇摆。"文化大革命"结束之后,中国派大批官员出国考察,国内外的鲜明对比给这些官员带来很大震撼,逐步形成了开放市场或发展"商品经济"的共识,当时中国的主要领导人也相继提出了"计划经济与市场经济相结合"等改革思路。但由于"左"的思想钳制和对现代经济学发展的漠视,人们对于什么是市场经济及市场经济如何通过价格机制实现稀缺资源的有效配置还缺乏认识,市场经济必然导致"竞争和无政府状态"的苏式教条仍盘踞在许多人头脑之中,因此,很多人易于接受"计划经济为主,市场调节为辅"之类的药方。在"计划经济为主"的约束下,80年代初期的改革还不是在整个经济体系内系统地进行,而只是着重于个别部门或个别方面的政策调整,即使某些带有制度变革性质的改革,如安徽、四川等地允许土地承包,也采取了不改变基本经济制度、实行集体所有和家庭承包"双层经营"的形式。这种变通性的政策调整虽取得了一定成效,但不足以实现国家振兴。于是,在20世纪80年代中期,开展了一场"改革目标模式"大讨论。

1984年召开的中共十二届三中全会明确了中国改革的目标,即建立"在公有制基础上有计划的商品经济"或者"社会主义商品经济"。但是对于"社会主义商品经济"的具体内容仍然存在不同的理解,1985年9月,《中共中央关于制定国民经济和社会发展第七个五年计划(1986—1990年)的建议》提出了"七五三条",对"社会主义商品经济"的具体内容作了明确界定,即:①使企业特别是全民所有制大中型企业真正成为相对独立、自主经营、自负盈亏的社会主义商品生产者和经营者;②进一步发展商品市场,"开辟和发展资金市场、技术市场",逐步完善市场体系;③国家对企业的管理逐步由直接控制为主转向间接控制为主,这就意味着中国接受了科尔纳在"巴山轮会议"上界定的"有宏观经济管理的市场协调"(ⅡB)模式作为经济改革的目标模式。根据"七五三条",国务院在1986年部署了"价格、税收、财政配套改革",以期社会主义商品经济新体制能够在80年代末期起主导作用,不过后来情况发生了变化。1987年的中共十三大报告把"社会主义有计划的商品经济"的"运行机制"确定为"国家调节市场,市场引导企业"。这意味着改革的目标模式由"有宏观经济管理的市场协调"(ⅡB)模式回到了计划与市场相结合的"间接行政控制"(ⅠB)模式,市场不再是自主自由交易的真正市场,而是由政府掌控的"管制下的市场"。

市场化改革的停顿和发展方式的缺陷引发了严重的通货膨胀,在一定程度上激发了社会矛盾。80年代末期出现经济和政治波动后,一些人提出要回到"计划经济为主、市场调节为辅"上去。这种主张遭到邓小平等领导人的坚决抵制。在1991年10—12月中央召集的系列座谈会上,与会经济学家在与江泽民总书记的对话中,论证了确立社会主义市场经济改革目标的必要性。在1992年年初邓小平南方谈话的推动下,1992年10月召开的中共第十四次全国代表大会正式宣布,以市场机制在资源配置中起基础性作用的社会主义市场经济作为改革目标。1993年11月,中共十四届三中全会审议通过了《关于建立社会主义市场经济体制若干问题的决定》(以下简称《决定》),将十四大确定的经济体制改革设想具体化,开启了建设"统一、开放、竞争、有序的大市场"的进程,对社会主义市场经济体制的建立产生了重大而深远的影响。该《决定》明确提出了"整体推进和重点突破相结合"的新改革战略，对财税、金融、外汇、国企、社保等重点领域改革提出了明确目标，拟定了具体方案。此后，这些领域的改革得到了实质性推进。

1995 年召开的中共十四届五中全会上通过的“九五”计划正式提出了“实现两个根本转变”，即实现经济增长方式从粗放型到集约型转变，以及经济体制从传统的计划经济向社会主义市场经济体制转变。1997 年，中共十五大提出，要“加快国民经济市场化进程”，“尽快建成统一开放、竞争有序的市场体系”，将“调整和完善所有制结构”作为改革的首要任务。1999 年，中共十五届四中全会通过的《关于国有企业改革和发展若干重大问题的决定》进一步明确，要推进国有经济战略性改组，明确宣布“非公有制经济是我国社会主义市场经济的重要组成部分”。与经济体制改革相配合，中共十五大还提出了“依法治国，建设社会主义法治国家”的改革要求。

20 世纪 90 年代，改革在理论上的突破和实践上的推进，使中国初步建立起市场经济体制的基本框架，并在这具有活力的体制推动下实现一直延伸到 21 世纪初的强劲增长。不过，十四届三中全会和十五大建设统一、开放、竞争、有序的市场体系的目标并没有完全实现，而是在保留了命令经济（或称统制经济）许多“遗产”的情况下，形成了一种“半市场、半统制”的格局。这种过渡性的体制存在转向现代“法治的市场经济”和国家资本主义畸形体制两种可能的发展前途。2006 年以后，主张强化国家对市场掌控的力量在舆论界一度占据上风，造成了改革的停顿，也使经济和社会矛盾日益积累，甚至出现了某些“国进民退”的现象。同时，改革的停顿也使经济发展模式转变发生了某种程度的逆转，在许多地区出现了用海量投资进行形象工程和政绩工程建设的潮流，使金融风险迅速积累。

这个曲折再次引发了“中国向何处去”的辩论，越来越多的民众和官员要求重启改革议程，推进市场化、法治化改革。2012 年召开的中共十八次全国代表大会不负众望，做出了“以更大的政治勇气和智慧，不失时机深化重要领域改革”的历史性决定。紧接着，十八届三中全会《中共中央关于全面深化改革若干重大问题的决定》指出，“经济体制改革是全面深化改革的重点，核心问题是处理好政府和市场的关系，使市场在资源配置中起决定性作用和更好发挥政府作用”，“建设统一、开放、竞争、有序的市场体系，是使市场在资源配置中起决定性作用的基础”,“全面深化改革的总目标是完善和发展中国特色社会主义制度,推进国家治理体系和治理能力现代化”,这为全面深化改革指明了方向。此后又陆续发布了1600多项改革方案和指导文件。整个改革进入攻坚决胜的阶段。

回首改革开放40年,我们不难发现,凡是在市场化、法治化改革取得实质性进展的时候,经济社会发展就会有比较好的表现,人民生活质量也会有显著的提升。反之,我们的事业就会遭到挫折,社会矛盾也会因此凸显出来。所幸的是,虽然40年改革经历了多次曲折,但是每经历一次曲折,我们都上了一个新的台阶,其中的许多改革经验教训,都值得我们在改革和发展中汲取。

展望未来,我们仍然面临着推进市场化、法治化改革的艰巨任务。目前,中国面临着复杂多变的国内外环境。成功应对多变的环境,唯有认真落实已经制定的总体规划和改革方案,在制度建设上取得实质性进展,才能实现持续稳定的发展,并通过改进民生使大众得到实惠。

40年改革开放经历是我们走向未来的基础,是我们的宝贵财富。40年的经历及其所蕴藏的经验和教训需要各方面从多个维度进行梳理和总结。李佐军、田惠敏同志从政府与市场关系视角编写了《与改革同行》系列图书,以改革开放进程中每个月发生的事实为依据,力求系统和完整地记录1978年12月至2018年12月的改革开放历史,并发表自己的观点。这为深入细致地从改革开放历程中汲取营养提供了基础材料,因此,这是一项十分有意义的工作。

在本系列书中,两位作者运用现代经济学的基本原理和分析方法,系统地梳理了中国在改革开放过程中每个月的重要文件、重大事件、重要论述和重要数据,并结合自己的思考和研究,对每月中最重要的文件、事件、论述进行了点评,对改革开放过程中的一些重要理论问题进行了分析。同时,他们在表现形式上也下了一些功夫,如每篇都列出了参考文献。梳理史料、研究历史并非易事,他们在繁忙的工作之余,坚持平均每天写一篇,每天凌晨四点多起床收集整理资料、写作、修改、发布(微信、微博、博客、国研网和中国发展网等平台),展现了历史责任感,其精神值得感佩。

我热忱地向大家推荐本系列书。让我们一起在回顾改革开放历史中有所思、有所悟,将我国的改革开放事业继续推向前进。

著名经济学家
国务院发展研究中心研究员 吴敬琏

序　三

改革进程是思想解放和实践探索联动的过程，中国的改革是从计划经济到商品经济再到对市场经济的探索，这条道路，我们已走过了40年。自1978年党的十一届三中全会到如今新的历史起点，这40年的历程里取得的成绩、获得的教训与经验，都值得我们不断回顾并有所思考。这正是我推荐此书的原因所在。走过这条道路时历经的种种是不容我们忘记的，它需要我们拾起，重新摆在我们的面前，同时我们也需要被它们唤醒，看看怎么走接下来的路。我相信这样一本事件清晰、评论深入、资料丰富的著作，会受到学术研究者的重视，也有助于推进大家对中国改革问题的深入探讨。

改革开放前的中国，由于种种历史原因，各方面发展严重落后于发达国家。1978年，中国的改革开始，这是从“实践是检验真理的唯一标准”讨论开始的。从1979年起，中国进入了双重转型阶段，这是前人没有做过的事情，因此，中国改革的难度非常大，绝非是一代人的事业。

1980年年初，中国有了农民合办企业。乡镇企业出来以后，计划市场不再是唯一的市场了，一个竞争性的市场产生了，中国经济开始变化了。然而光有承包制不够，光有乡镇企业不够，必须要有乡镇企业市场。这就在计划市场之外多了一个东西，中国改革走上了一条新路。

1986年下半年，中央想试试看股份制行不行，搞一些企业做试点，决定从四川开始。整个西南以四川为界，国有企业多，股份制必须从国有企业多的地方开始。其间，我去四川的几个企业视察，但是回来以后形势发生了变化，于是股份制试点只好暂停。接着又回到了“放价格”论，可这一想法不能试点，因此，价格放开的消息一出来，全国物价开始上涨。大家一听说要涨价了，开始全民抢购，导致整个经济都乱了。在此情况下，中国走放价格的路行不通了。

到了1990年、1991年，邓小平再次讲话，中国的改革才又回到这条道路上来。所以，中国的改革并非易事，要经过试验，甚至挨批、撤职。最后邓小平再度南方谈话以后，中国的经济情况有了变化。

邓小平二次南方谈话以后，股份制被推上了改革日程。这时碰到了一个问题，有些人，特别是年纪比较大的老干部说：“大企业一改我们的国有企业是不是都变成私有化的企业了?”在此情况下，经济学界提了两句话：第一句话，增量先行；第二句话，存量暂缓。

什么叫增量先行？增量是指企业准备拿多少出来上市、出卖，而存量暂时不动。这样一来，股份制的主张开始有了根据，增量先行，存量不动，不影响大局。

股份制终于实行了，但是实行以后又有了矛盾：增量先行，100亿元的资产中拿20亿元出来上市，80亿元存量不动，存量依然占大头。增量先行以后董事会建立了，可是没人来参加董事会，20亿元市场卖5亿元、10亿元，这样没法掌握董事会的决策权。很多企业虽然做了股份制改革，但是董事会里没有名额，只有分散的小股东，所以增量先行变成了一句空话。必须动存量，这才是中国的股份制改革真正的开始。

在此之后，中国的股份制进入了“二次革命”阶段，给原来购买股份制增量的人一定好处，然后“解放”那些原来不让上市的股东。将这一难题解决，就已经到了《证券法》公布以后了。40年来，中国经济发展的过程大体就是这么一个情况。梳理这段经历是想告诉大家，中国的改革不是那么容易的，我们既要看到改革的艰难，也要看到改革在不断进步，不要悲观。

到如今，很多人会问我这样一个问题：“当前你最担心的问题是什么?”我的回答是担心改革太慢。为什么呢？因为现在最要紧的问题，是转变发展方式，要把过去那种数量型、速度型的发展方式转变为质量型、效率型。然而，发展方式的变化不是一蹴而就的。

中国一定要走改革的路，但是这条路并不是一条笔直的大道。若仅仅靠以前的就业政策、发展方式，很多新的问题都没法得到解决。我们怕中国经济停滞，那么就应该对中国的发展有新的认识。

转变成质量型、效率型发展方式的过程，一定不要去追求高速度，继续追求高速度只会自己给自己设置前进路上的绊脚石。中高速增长在当前是适合中国国情的，高速的发展方式不改变的话，将来产品依然会积压，依然会走旧路子，依然会不停攀比经济增长率，这对中国经济是有害的。我们要冷静下来，根据情况走创新的路，这样我们就可以步子更稳，真正实现发展方式的转变。中国改革一直没有停止，经过这样那样的困难，回头一看，我们又上了一层台阶。

著名经济学家
北京大学光华管理学院名誉院长　厉以宁

CONTENTS | 目　录

邓小平题词：建立经济特区的政策是正确的（1984.01）

1984 年是有着特殊意义的一年。元旦刚过完，一直坐镇北京的邓小平决定到南方看看，这是邓小平第一次去深圳考察，也是中国改革开放进程中，具有重要意义的事件。同时，1984 年还是孕育新生的一年，海尔、联想、万科、四通、科龙、健力宝、正泰等企业均诞生在这一年。因此，1984 年被不少经济学者称之为中国公司元年。

一、重要文件

1984 年 1 月 1 日，中共中央发布《关于一九八四年农村工作的通知》，即第三个“一号文件”。文件强调要继续稳定和完善联产承包责任制，规定土地承包期一般应在 15 年以上，生产周期长的和开发性的项目，承包期应当更长一些。

1984 年 1 月 10 日，国务院发布《中华人民共和国进口货物许可制度暂行条例》。

1984 年 1 月 19 日，劳动人事部颁发《中外合资经营企业劳动管理规定实施办法》。

1984 年 1 月 23 日，国务院发布《工矿产品购销合同条例》和《农副产品购销合同条例》，旨在保护购销合同当事人双方的合法权益，有计划地发展工矿业、农副业商品生产，安排好市场供应，协调产、供、销之间的关系，改善经营管理，提高经济效益，明确经济责任，保证国家计划的执行。

1984年1月16日,中美两国政府签订了《中美工业技术合作协定》和《中美科学和技术合作协定》。前者签署的是新协定,后者则是对过去协定的延长。

二、重大事件

1984年1月1日,中国工商银行正式成立。

1984年1月20日,国务院颁发城市规划条例。

1984年1月24日,邓小平首次亲临深圳特区视察。

1984年1月29日,经国务院批准,建立由上海港、宁波港、南通港、张家港组成的四港联合委员会,逐步形成以上海港为中心枢纽的长江三角洲港口联合体。

三、重要论述

1984年1月26日,邓小平同志在视察深圳时题词:深圳的发展和经验证明,我们建立经济特区的政策是正确的。

《福建论坛(经济社会版)》(1984年第1期)刊发了蒋一苇的《发挥中心城市作用搞好经济建设》。文章认为,发挥中心城市的作用,是经济体制的一项根本性改革。发挥中心城市作用主要有如下原因:一是城市经济在整个国民经济中占主导地位;二是经济在客观上要求横向联系;三是合理布局生产力,也要发挥中心城市的作用;四是走内涵为主的发展道路,发挥中心城市作用,就能利用城市已有的潜力;五是现在建设中心城市,发挥中心城市作用,还有一个新的含意,就是要走城乡结合、实行城市领导乡村的道路。

《科学与科学技术管理》(1984年第1期)刊发了马洪的《如何研究和制定我国的发展战略》。文章认为,研究和制定我国的发展战略,需要着重考虑的问题是:一是要考虑我国发展战略的特点;二是要制定一套比较完善的目标体系和指标体系;三是要选择合适的生产力发展道路;四是要使经济、社会、科技协调发展;五是要考虑国际环境的影响。

《经济问题》(1984年第1期)刊发了马洪的《为我国社会主义现代化建设献计献策》。文章认为,在确定消费或资源政策时,必须考虑我国人口多的特点，无论在生产还是生活上，都不能走西方“高消费、高浪费”的路。而应有适合我国情况的消费结构，在 20 世纪末前主要是研究小康生活水平的消费结构。这就要实行正确的消费引导，并逐步形成与消费结构相适应的生产消费品的产业结构，要注意生产能够节约资源、重复使用、再生利用、经久耐用的产品。

四、重要数据

1984 年 1 月 6 日，截至 1983 年 12 月底，实行利改税第一步改革的工业企业累计达到 28110 户，占全国盈利工业企业总户数的 88. 6%。实现利改税的企业的留利水平，1983 年比 1982 年增长 25. 8%，高于 1982 年全国国营工业企业生产增长额 9. 6%，实现利润增长 14. 1% 和上缴利税增长 8%。

五、作者观点

【邓小平题词:建立经济特区的政策是正确的】 我国改革开放 40 年的历史，是一部思想解放的历史。虽然十一届三中全会确立了以经济建设为中心的工作方针，但由于长期实行计划经济，许多人的思想观念还转不过来。当“经济特区”这一新名词出现时，一些人开始质疑。当时，出现的种种杂音让邓小平和试办特区的城市领导承受了巨大压力。1984 年 1 月 24 日—2 月 17 日，邓小平开始了第一次南方谈话，先后去了深圳和珠海，并题词肯定两个特区的经济发展，随即，中央宣布开放 14 个沿海城市和海南岛。由此，中国出现了“孔雀东南飞”的景象，大批青年奔向了南方热土，这其中又以珠三角为主。邓小平给深圳特区的题词是“深圳的发展和经验证明，我们建立经济特区的政策是正确的”。这是一次重要的思想解放，结束了一直以来对“是否办特区”的争论，消除了人们对试办特区的疑虑，坚定了特区人改革开放的信心，为后来进一步解放思想、扩大对外开放、发展多元化经济、建设中国特色的社会主义指明了道路。

参考文献

[1]人民日报图文数据库(1946—2018)。

[2]王振川. 中国改革开放新时期年鉴(1984)[M]. 北京:中国民主法制出版社,2015:1 - 83.

[3]中共中央政策研究室. 中华人民共和国大事记(1949—2009)[M]. 北京:人民出版社,2009:355 - 356.

[4]吴晓灵. 中国金融改革大事记[M]. 北京:中国金融出版社,2008:78.

[5]中国民营经济史·大事记(连载四十)[J]. 中华工商时报,2009 - 12 - 27.

[6]孙锦华. 上海经济大事记 1981 年 1 月[J]. 上海经济研究,1984(2):63 - 66.

[7]黄孟复. 中国民营经济史·大事记[M]. 北京:社会科学文献出版社,2009:355.

[8]中央财经领导小组办公室. 中国经济发展五十年大事记(1949. 10—1999. 10)[M]. 北京:人民出版社,1999:367.

[9]《当代中国》丛书编辑委员会. 当代中国对外贸易(上)[M]. 北京:当代中国出版社,1992:395.

[10]1984:邓小平南行,改革开放的时代最强音[EB/OL]. 中国经济网,http://views. ce. cn/fun/corpus/ce/7/200812/15/t20081215_17677353. shtml.

[11]蒋一苇. 发挥中心城市作用搞好经济建设[J]. 福建论坛(经济社会版),1984(1):11 - 20.

[12]马洪. 如何研究和制定我国的发展战略[J]. 科学与科学技术管理,1984(1):2 - 4.

[13]马洪. 为我国社会主义现代化建设献计献策[J]. 经济问题,1984(1):2 - 9

[14]李佐军. 中国改革新思维——改出一个“人本市场经济”[M]. 北京:电子工业出版社,2013:29.

国务院出台
《关于农村个体工商业的若干规定》
(1984.02)

1984年2月，国务院出台《关于农村个体商业的若干规定》，对于发展我国农村个体工商业，促进农村商品生产，活跃城乡物资交流，多方利用农村剩余劳动力，具有积极的作用。

一、重要文件

1984年2月1日，中国人民银行和海关总署发布《对金银进出国境的管理办法》。

1984年2月1日，海关总署、财政部和外经部联合发布《关于中外合营企业进出口货物监管征免税规定》。

1984年2月25日，国务院发布《关于合作商业组织和个人贩运农副产品若干问题的规定》，允许贩运的农副产品限于三类农副产品和统购、派购任务以外允许上市的农副产品；贩运农副产品，不受行政区划和路途远近的限制。

1984年2月27日，国务院发布《关于在我国统一实行法定计量单位的命令》，规定我国的计量单位一律采用《中华人民共和国法定计量单位》，我国目前(1984年)在人民生活中采用的市制计量单位可延续使用到1990年。

二、重大事件

1984年2月10—23日,国务院召开全国经济工作会议。会议就以提高经济效益为中心,加强企业的思想政治工作,疏通流通渠道,增加优质名牌产品,以及搞好财政金融、企业整顿、技术进步工作等若干专题展开讨论。

1984年2月11日,南方报业传媒集团主办的《南方周末》创刊;国际文化出版公司成立。

1984年2月29日—3月12日,第六届全国人大常委会第四次会议在北京举行。

三、重要论述

1984年2月14日,国家体改委提出《关于经济体制改革设想的综合汇报提纲》。《提纲》认为,经济体制改革,需要着重解决好宏观经济管理,国家与企业的关系,部门、地区、城市管理权限的划分,以及经济杠杆的运用四个关系全局的重要问题。四个问题有了明确的方向和原则,并有一套相互协调、切实可行的改革办法,整个经济体制改革的方案也就好实施了。

1984年2月24日,邓小平就办好经济特区和增加对外开放城市的问题,同中央几位负责同志谈话并指出:"我们建立经济特区,实行开放政策,有个指导思想要明确,就是不是收,而是放。特区是个窗口,是技术的窗口、管理的窗口、知识的窗口,也是对外政策的窗口。除现在的特区之外,可以考虑再开放几个港口城市,如大连、青岛。我们还要开发海南岛。要让一部分地方先富裕起来,搞平均主义不行。"这次谈话是在邓小平视察了深圳和珠海两个经济特区、福建厦门市和正在建设中的厦门经济特区、上海宝山钢铁总厂之后进行的。

四、重要数据

1984年2月1日,全国工业企业1983年减亏14.8亿元。

1984年2月8日,我国1983年向个体工商户发放贷款1.6亿多元。

1984年2月11日,我国1983年产粮7600亿斤棉9000万担;工业总产值超6000亿元,增长10.2%。

1984年2月18日,全国城乡个体工商业达到580万户。

五、作者观点

【国务院出台《关于农村个体工商业的若干规定》】 改革开放后,我国个体经济发挥了非常重要的作用。个体经济特别是个体工商户成为重要的经济力量。他们是市场经济的开拓者,全国到处都有他们的身影,他们不仅流通了商品,而且丰富了人民群众的生活。为确立我国城乡个体工商户的法律地位,1981年7月,国务院发布《关于城镇非农业个体经济若干政策性规定》;1983年4月,发布《〈关于城镇非农业个体经济若干政策性规定〉的补充规定》;1984年2月,发布《关于农村个体工商业的若干规定》。为了保障个体经济的权利,我国宪法明确规定,"在法律规定范围内的城乡劳动者个体经济,是社会主义经济的补充。国家保护个体经济的合法权利和利益。国家通过行政管理、指导、帮助和监督个体经济"。

改革开放初期,随着农村家庭联产承包责任制的推行,我国农业连年丰收,出现了卖粮难和农村剩余劳动力的问题。为解决农村剩余劳动力问题,加强对农村个体工商业的领导、管理和监督,扶持其健康发展,1984年2月,国务院出台了《关于农村个体工商业的若干规定》。《规定》明确指出,国家鼓励农村剩余劳动力经营社会急需的行业;农村个体工商户的经营方式可以灵活多样;可以请一两个帮手,带两三个、最多不超过五个徒弟;可凭营业执照或临时营业执照到外地采购货源和原材料;可以起字号、刻图章、开立账户、申请贷款;可以加入本县、市的个体劳动者协会;向农村个体工商业户收取费用,必须通过工商行政管理机关归口管理;国家保护农村个体工商业户的合法权利和利益。该《规定》的出台,对于发展我国农村个体工商业,促进农村商品生产,活跃城乡物资交流,多方利用农村剩余劳动力等方面具有积极的作用。

参考文献

[1]人民日报图文数据库(1946—2018)。

[2]王振川. 中国改革开放新时期年鉴(1984)[M]. 北京:中国民主法制出版社,2015:84－149.

[3]中共中央政策研究室. 中华人民共和国大事记(1949—2009)[M]. 北京:人民出版社,2009:356－357.

[4]吴晓灵. 中国金融改革大事记[M]. 北京:中国金融出版社,2008:78－80.

[5]中国民营经济史·大事记(连载四十)[J]. 中华工商时报,2009－12－27.

[6]孙锦华. 上海经济大事记 1981 年 2 月[J]. 上海经济研究,1984(3):64－67.

[7]黄孟复. 中国民营经济史·大事记[M]. 北京:社会科学文献出版社,2009:166.

[8]中央财经领导小组办公室. 中国经济发展五十年大事记(1949. 10—1999. 10)[M]. 北京:人民出版社,1999:367.

[9]邓小平. 办好经济特区,增加对外开放城市[M].//邓小平文选(第三卷)[M]. 北京:人民出版社,1993:52.

[10]李佐军. 中国改革新思维——改出一个“人本市场经济”[M]. 北京:电子工业出版社,2013:30－31.

“松绑”放权大变革拉开帷幕
（1984.03）

1984年3月24日，福建国有骨干企业的55位厂长在《福建日报》全文刊登呼吁书——《请给我们“松绑”》，这是国营企业改革史上的一个标志性事件，也是当年度具有轰动性的企业事件。“松绑”放权的呼吁很快在全国上下获得共识，开启了国有企业改革的先河。这场集聚了企业紧迫需要、领导强力支持、媒体全面配合三大要素的“松绑”放权大变革，就此拉开了企业改革的帷幕。

一、重要文件

1984年3月1日，中共中央、国务院转发农牧渔业部《关于开创社队企业新局面的报告》，同意将社队企业名称改为乡镇企业，并提出，发展乡镇企业是农业生产的重要支柱，是广大农民群众走向共同富裕的重要途径。

1984年3月5日，国务院发布《国营企业成本管理条例》（以下简称《条例》）。《条例》规定，对企业实行成本管理责任制。厂长（包括经理、矿长、场长和其他企业领导人）对本企业生产经营的经济效果负完全责任。

1984年3月12日，全国人大常委会六届四次会议通过《中华人民共和国专利法》。

1984年3月21日，中国工商银行印发《关于国营工商企业流动资金管理暂行办法》。

二、重大事件

1984年3月2日，电子工业厅局长会议确定，军事电子装备、大规模集成电路和电子计算机是发展重点。

1984年3月7日，国务院先后批准25个城市的总体规划，国务院在各市总体规划批复中强调，这些城市今后不再新建、扩建大中型工业项目，以保持原有的独特风貌。

1984年3月15日，中国残疾人福利基金会在北京宣布成立。1982年联合国大会第37届会议决定，1983—1992年为“联合国残疾人十年”。这一国际环境背景促使我国必须建立自己新型的残疾人组织。

1984年3月16日，轻工业部向全国轻工业系统发出通知，要求学习浙江海盐衬衫总厂厂长步鑫生的改革创新精神和海盐衬衫总厂的改革经验。

1984年3月20日，中国计划协会在北京举行成立大会。

1984年3月26日，中共中央书记处和国务院在北京召开沿海部分城市座谈会。

三、重要论述

《经济科学》(1984年第1期)刊发周叔莲的《集中财力物力和改革经济体制》。文章认为，解决国家和企业的关系是解决企业内部关系的前提。这个前提问题不处理好，企业不仅没有改善经营管理、改进技术的强大动力，还会想方设法把负担转嫁到国家身上或消费者身上，这都不利于改革的健康发展。当前要把改革税制作为城市改革的一个主要环节，以此来实现既集中财力物力，又坚持经济体制改革的要求。

《经济管理》(1984年第3期)刊发蒋一苇的《工业改组与企业联合》。文章认为，工业是一盘棋，企业是一个棋子。如果不能打破地方所有制、部门所有制，尽管煞费苦心地想了各种办法，仍跳不出行政系统的条条框框，改组与联合问题是不会有合理出路的。企业与企业联合成为一个公司，应根据经济需要，要看彼此是否有经济联系，联合之后是否对彼此都有利，因此要尊重企业的意愿。政府可以有意识地加以引导，使其自然形成。如果同行业的企业不能联合在一起，那么，大量的公共性事务该怎么精简？有一个很好的方法，即组织行业协会。

四、重要数据

1984年3月7日，国家烟草专卖局向18个省、市、自治区的57家卷烟厂发放烟草专卖生产许可证。

1984年3月19日，据统计，全国乡镇工业总产值超过800亿元。

1984年3月19日，根据数据显示，1984年能源交通重点建设投资增加40亿元，为提高基建投资效果，重点建设配套工程列入国家计划。

1984年3月25日，根据数据显示，1981年全国婴儿死亡率为34.68‰，全国人口平均预期寿命为67.88岁。

1984年3月27日，据统计，1984年高校将毕业27万名本科、专科学生，1.1万多名研究生。

1984年3月29日，我国经济审判工作蓬勃发展，四年审结经济纠纷案件8万多件，对保障经济建设起到了显著作用。

五、作者观点

【“松绑”放权大变革拉开帷幕】 1984年年初，邓小平在南方的视察让全国都感受到了进一步扩大改革的决心，很快，在各个领域，突破性事件频频发生，停滞了两年多的“改革列车”再次快速启动。1984年3月23日，福建省55位国有骨干企业厂长、经理齐聚福州，参加“福建省厂长、经理研讨会”。会上，55位厂长、经理提出：“目前体制要大改还不可能，但给企业‘松绑’，给点必要的权力是可以做到的。”55位厂长、经理要求“松绑”的权力主要有三条：一是人事权；二是财权；三是企业自营权。1984年3月24日，福建国有骨干企业的55位厂长在《福建日报》全文刊登呼吁书——《请给我们“松绑”》。这是国营企业改革史上的一个标志性事件，也是当年度具有轰动性的企业事件。“松绑”放权的呼吁很快在全国上下赢得共识，开启了国有企业改革的先河。“松绑”二字日后也频频成为改革的代名词。而发表呼吁书的3月24日还一度被命名为“中国企业家活动日”。这场汇集企业紧迫需要、领导强力支持、媒体全面配合三大要素的"松绑"放权大变革，就此拉开企业改革的帷幕。

参考文献

[1]人民日报图文数据库(1946—2018)。

[2]王振川．中国改革开放新时期年鉴(1984)[M]．北京:中国民主法制出版社,2015:238－313.

[3]中共中央政策研究室．中华人民共和国大事记(1949—2009)[M]．北京:人民出版社,2009:357.

[4]吴晓灵．中国金融改革大事记[M]．北京:中国金融出版社,2008:80.

[5]孙锦华．上海经济大事记1984年3月[J]．上海经济研究,1984(4):64－66.

[6]黄孟复．中国民营经济史·大事记[M]．北京:社会科学文献出版社,2009:171－172.

[7]中央财经领导小组办公室．中国经济发展五十年大事记(1949.10—1999.10)[M]．北京:人民出版社,1999:368－369.

[8]邓力群,马洪,武衡．当代中国的经济体制改革[M]．北京:中国社会科学出版社,1984:137.

[9]中国共产党大事记·1984年[EB/OL]．中国共产党新闻网,http://theory.people.com.cn/GB/40557/67082/67088/4526524.html.

[10]吴晓波．激荡三十年:中国企业1978—2008[M]．北京:中信出版集团,2017:142－143.

[11]第九章"松绑"放权[EB/OL]．中国共产党新闻网,http://dangshi.people.com.cn/n/2015/1201/c85037－27875942.html.

[12]周叔莲．集中财力物力和改革经济体制[J]．经济科学,1984(3):1－5.

[13]蒋一苇．工业改组与企业联合[J]．经济管理,1984(3):3－6,10.

[14]李佐军．中国改革新思维——改出一个"人本市场经济"[M]．北京:电子工业出版社,2013:31－32.

确定 14 个沿海城市对外开放
(1984.04)

1984 年 4 月 6 日，在中共中央书记处和国务院召开的沿海部分城市座谈会上，根据邓小平的建议，确定进一步开放由北至南 14 个沿海城市，作为我国实行对外开放的一个新的重要步骤。

一、重要文件

1984 年 4 月 6 日，国务院发布《中华人民共和国居民身份证试行条例》（以下简称《条例》）。《条例》规定，居民身份证具有证明公民身份的法律效力。

1984 年 4 月 10 日，国家科委、国家体改委发出贯彻《关于开发研究单位由事业费开支改为有偿合同制的改革试点意见》的通知。通知强调，开发研究单位由事业费开支改为有偿合同制是一项重要的改革。搞好这方面的改革，对整个科技体制改革将会起到一定的推动作用。

1984 年 4 月 14 日，六届全国人大常委会第八次会议通过《关于在沿海港口城市设立海事法院的决定》。

1984 年 4 月 20 日，国务院发布《关于加强中国投资银行工作的通知》。

1984 年 4 月 20 日，国务院发布《关于国营企业发放奖金有关问题的通知》，逐步取消奖金"封顶"，实行奖金征税办法。按规定，这项重大改革首先在矿山、搬运、建筑行业实行，其他行业可选择部分企业进行试点。

二、重大事件

1984 年 4 月 8 日，我国试验通信卫星“东方红二号”成功。这标志着中国运载火箭和卫星通信技术进入世界先进行列。

1984 年 4 月 16—25 日，国家体改委在常州市召开城市经济体制改革座谈会。会议提出，加快城市经济体制改革试点的步伐，简政放权、搞活企业、开放市场、搞活流通；探索城市新的计划管理体制，完善市领导县的新体制，增加一批改革试点城市等项措施和建议。

1984 年 4 月 25 日，国家经委决定在大连、常州、北京、天津、上海、沈阳六个城市实行厂长负责制扩权试点。

三、重要论述

《经济研究》(1984 年第 4 期)刊发厉以宁的《有益的探讨　可贵的起步——评刘国光同志主编的〈中国经济发展战略问题研究〉》。文章认为，对不同的社会主义经济模式进行比较，从比较研究中得到客观的、实事求是的结论，并强调我国必须从自己的国情出发，创造有中国特色的社会主义经济体制。

四、重要数据

1984 年 4 月 18 日，1984 年一季度工业生产增产增收效益高，预算内国营工业企业总产值增长 11.4%，产品销售收入增长 10.7%，实现利润增长 14.9%，上缴利润增长 9.8%。

1984 年 4 月 30 日，国家统计局发表《关于一九八三年国民经济和社会发展计划执行结果的公报》，并指出，全年社会总产值为 11052 亿元，其中，工农业总产值为 9209 亿元。工农业总产值和粮食、棉花、油料、原煤、钢材等 33 种主要产品产量已提前两年达到“六五”计划规定的指标。

五、作者观点

【确定 14 个沿海城市对外开放】　实践证明，经济特区经济发展迅速，在很短的时间里就取得了世界瞩目的成绩。1984 年 4 月 6 日，在中共中央书记处和国务院召开的沿海部分城市座谈会上，根据邓小平的建议，确定进一步开放由北至南 14 个沿海城市，包括大连、秦皇岛、天津、烟台、青岛、连云港、南通、上海、宁波、温州、福州、广州、湛江、北海(含防城港)，作为我国实行对外开放的一个新的重要步骤。对 14 个沿海城市的外资企业给予与经济特区相类似的某些优惠待遇。这些港口城市同深圳、珠海、厦门、汕头四个经济特区，将成为我国对外开放的前沿地带。1985 年，我国又确定把长江三角洲地区，珠江三角洲地区，闽南的厦、漳、泉三角地区，以及胶东半岛、辽东半岛列为经济开放地区。1988 年 4 月，我国又把海南确定为经济特区，赋予更大的自主权，允许实行更加开放、灵活的体制和政策。至此，我国沿海地区成为全方位对外开放基地的总体布局基本形成。我国的对外开放由点及面，最终形成了沿海全境开放的格局。

参考文献

[1]人民日报图文数据库(1946—2018)。

[2]王振川．中国改革开放新时期年鉴(1984)[M]．北京:中国民主法制出版社,2015:238 - 313.

[3]中共中央政策研究室．中华人民共和国大事记(1949—2009)[M]．北京:人民出版社,2009:357 - 358.

[4]吴晓灵．中国金融改革大事记[M]．北京:中国金融出版社,2008:80 - 81.

[5]孙锦华．上海经济大事记 1984 年 3 月[J]．上海经济研究,1984(5):63 - 66.

[6]黄孟复．中国民营经济史·大事记[M]．北京:社会科学文献出版社,2009:171 - 172.

[7]中央财经领导小组办公室．中国经济发展五十年大事记(1949. 10—1999. 10)[M]．北京:人民出版社,1999:369.

[8]1984 年 4 月 6 日中共中央书记处和国务院在北京召开沿海部分城市座谈会[EB/OL]．中国共产党新闻网，http://cpc. people. com. cn/GB/

64162/64165/78561/79699/5526858. html.

[9]中国共产党大事记·1984 年[EB/OL]. 中国共产党新闻网,http://theory. people. com. cn/GB/40557/67082/67088/4526524. html.

[10]隆国强. 构建开放型经济新体制:中国对外开放 40 年[M]. 广州:广东经济出版社,2018:4.

[11]吴晓波. 激荡三十年:中国企业 1978—2008[M]. 北京:中信出版集团,2017:160.

[12]厉以宁. 有益的探讨　可贵的起步——评刘国光同志主编的《中国经济发展战略问题研究》[J]. 经济研究,1984(4):29 -36.

[13]李佐军. 中国改革新思维——改出一个“人本市场经济”[M]. 北京:电子工业出版社,2013:33.

寻找中国金融改革的突破口
（1984.05）

1984年5月5日，中国金融学会第二次全国代表会议在安徽省合肥市召开。会议上，由中国人民银行总行研究生部几名同志首先提出“金融改革的突破口就是改组制度和开放金融市场”。金融市场问题开始引起经济界的广泛关注。

一、重要文件

1984年5月4日，中共中央、国务院转发《沿海部分城市座谈会纪要》，并发布通知。

1984年5月7日，国务院批准广东省人民政府转报的深圳市人民政府《关于改革深圳市银行体制的试点意见》。

1984年5月8日，国务院发布《关于环境保护工作的决定》（以下简称《决定》）。《决定》指出，保护和改善生活环境和生态环境，防治污染和自然环境破坏，是我国社会主义现代化建设的一项基本国策。

1984年5月10日，国务院发布《关于进一步扩大国营工业企业自主权的暂行规定》（以下简称《规定》）。《规定》扩大了国营工业企业在制定生产经营计划、产品销售、产品价格等10个方面的自主权。

1984年5月18日，中央办公厅、国务院办公厅发布《关于认真搞好国营工业企业领导体制改革试点工作的通知》（以下简称《通知》）。《通知》要求，积极改革国营工业企业领导体制，实行生产经营和行政管理工作厂长

(经理)负责制。

1984 年 5 月 31 日,六届全国人大二次会议通过了《中华人民共和国民族区域自治法》,对民族自治地方的政治、经济、文化等各方面的权利和义务作了系统的规定。

二、重大事件

1984 年 5 月 7 日,中共中央、国务院批复同意天津港作为港口管理体制改革的试点,实行"双重领导,地方为主"的管理体制。

1984 年 5 月 15 日,国务院决定,从 1984 年第四季度开始,进行利改税的第二步改革,从利税并存逐步过渡到完全的以税代利。

1984 年 5 月 22 日,国务院批准中山港为对外开放口岸。

1984 年 5 月 31 日,六届全国人大二次会议决定设立海南行政区,并设立海南行政区人民代表大会和人民政府。

三、重要论述

1984 年 5 月 11 日,中共中央整党指导委员会办公室就珠江三角洲高速建设发表按语,"时间就是金钱,效率就是生命"应当成为经济工作重要指导思想。

《学习与研究》(1984 年第 10 期)刊发于光远的《改革也是一场哲学革命》。文章认为,积极从事改革的人的精神状态,同对改革缺乏热情的人,甚至站在改革一旁指手画脚、冷嘲热讽的人的精神状态的差别,是他们对不同的哲学观点的表现。因此,若要本来倾向于保守的人的精神面貌发生变化,就不得不让他们反省自己的哲学观点;而促使他们对思想进行转变的斗争,就是哲学思想的斗争。在改革中,哲学革命进行得越深刻,对于社会上各式各样的人,包括对改革态度积极的人在内的教育就越深刻。

四、重要数据

1984 年 5 月 2 日,国家统计局对各地 30400 多户农民进行抽样调查。调查显示,全国农民 1983 年人均收入近 310 元,比 1982 年增加近 40 元,比

1978 年翻了一番多。

1984 年 5 月 5 日，根据《人民日报》报道，1984 年首季国民经济发展势头很好，轻重工业比 1983 年同期分别增长 11.9% 和 12%，经济效益继续改善。

1984 年 5 月 25 日，根据《经济日报》报道，引进外资政策产生积极效果，港澳与内地合资企业已达 132 家。

五、作者观点

【寻找中国金融改革的突破口】 党的十一届三中全会以后，我国进行了一系列金融改革，初步建立了以中央银行为核心、专业银行为骨干的金融体系；信贷活动进入了固定资产领域；承认信贷、利率是调节经济的有力杠杆；对多种信用形式和工具的运用进行了小范围的试验等。然而，银行改革只单纯着眼于完善原有的信贷计划管理体制，修补纵向分配资金管理方面的漏洞，局限于分权、集权和组织机构等行政方面。改革的步子迈得还不够大。面对蓬勃发展的商品生产、经济体制改革和世界新技术革命的挑战，我国金融改革陷入了被动局面。当时，我国还没有形成一个良好的金融投资环境，金融体制割断了资金的正常横向联系与流动，形成了一个以纵向分配为主、块块管理为辅的非商品经济运行的资金系统，因此，当时迫切需要建立多样化的强有力的金融控制调节系统。然而，当时的金融体制尚未允许聚资人与投资人之间直接融通，也未提供直接融资所必要的金融和信用工具，从而导致商品生产者之间的融资无法进行。在此背景下，1984 年 5 月 5 日，中国金融学会第二次全国代表会议在安徽省合肥市召开。会议上，由中国人民银行总行研究生部几名同志发表了《中国金融改革战略探索提纲》（以下简称《提纲》），首先提出“金融改革的突破口就是改组制度和开放金融市场”。《提纲》认为，农业改革的突破口是联产承包责任制，工业改革的突破口是扩大企业自主权。工农业改革突破口的选择至少给了我们三点启迪：一是使生产关系适应生产力发展水平；二是承认物质利益原则；三是遵守价值规律，重视市场调节。受此启发，金融改革的突破口就是改组金融（不仅限银行）制度，开放金融市场。自此，金融市场问题开始引起经济界的广泛关注。

参考文献

[1]人民日报图文数据库(1946—2018)。

[2]王振川．中国改革开放新时期年鉴(1984)[M]．北京:中国民主法制出版社,2015:314－437.

[3]中共中央政策研究室．中华人民共和国大事记(1949—2009)[M]．北京:人民出版社,2009:358－359.

[4]吴晓灵．中国金融改革大事记[M]．北京:中国金融出版社,2008:81－82.

[5]孙锦华．上海经济大事记 1984 年 5 月[J]．上海经济研究,1984(5):60,63－66.

[6]黄孟复．中国民营经济史·大事记[M]．北京:社会科学文献出版社,2009:171－172.

[7]中央财经领导小组办公室．中国经济发展五十年大事记(1949. 10—1999. 10)[M]．北京:人民出版社,1999:369－370.

[8]中国共产党大事记·1984 年[EB/OL]．中国共产党新闻网,http://theory. people. com. cn/GB/40557/67082/67088/4526524. html.

[9]柳红．八〇年代:中国经济学人的光荣与梦想[M]．桂林:广西师范大学出版社,2010:318－319.

[10]中国金融改革战略探索提纲[J]．四川金融研究,1984(6):31－32.

[11]蔡重直．我国金融体制改革探讨[J]．经济研究,1984(10):21－25,39.

[12]进一步统一思想认识坚决搞好金融体制改革[J]．中国金融,1984(2):2－9.

[13]于光远．改革也是一场哲学革命[J]．学习与研究,1984(10):11－13.

[14]李佐军．中国改革新思维——改出一个“人本市场经济”[M]．北京:电子工业出版社,2013:33.

武汉市经济体制综合改革拉开序幕
（1984.06）

1984年6月3日，《人民日报》发表题为《武汉进行经济体制综合改革试点》的报道。报道称，根据国务院的决定，武汉市政府现已拟定出改革试点的10条实施方案。宗旨是以“两通”为突破口，发挥中心城市的优势。由此，武汉市经济体制综合改革的序幕拉开了。

一、重要文件

1984年6月7日，国务院同意北京市制定的《北京市国营商业、服务业改革试行办法》，用经营集体商业的原则改革国营商业。

1984年6月9日，国务院最近批转教育部《关于在部分全国重点高等院校试办研究生院的请示报告》，决定先批准22所全国重点高等院校试办研究生院。

1984年6月10日，城乡建设环境保护部、国家计委等部门联合发布《关于环境保护资金渠道的规定的通知》，明确规定了环境保护资金的八条渠道。

1984年6月12日，人民日报刊发《中共中央关于1984年农村工作的通知》，鼓励农民投资入股，兴办各类企业。

1984年6月28日，国务院发布《国营企业奖金税暂行规定》，自1985年起实行。

二、重大事件

1984年6月10日，商业部召开全国商业厅局长会议。会议指出，整个商业要进行一次根本性改革。

1984年6月23日,全国第二步利改税工作会议在北京召开。会议提出,1984年10月普遍推行利改税第二步改革。

1984年6月,健力宝成为中国奥运代表团的首选饮料。

三、重要论述

1984年6月,邓小平在会见日本外宾时指出,在农村改革见效以后,改革要从农村转到城市。城市改革不仅包括工业、商业,还有科技、教育等,其他行业都包括在内。

1984年6月,吴敬琏在德国举办的比较经济学讨论会上提出区分"行政性分权"和"经济性分权"的问题。"行政性分权"是把中央的权力下放给地方行政机构;"经济性分权"是将过分集中于行政主管机关的决策权向企业分权。吴敬琏认为,在保持命令经济框架不变的情况下实行分权,损害了计划经济的政令统一,结果是政出多门,整个经济陷于混乱。行政性分权也会造成地方保护主义和市场割据倾向。经过这样的分析,市场取向的改革就变成了唯一选择。

四、重要数据

1984年6月10日,根据《人民日报》报道,利改税第一步改革有成绩,28100户国营工业企业实现1983年利润比1982年增加42.2亿元。

1984年6月15日,《人民日报》报道,结构更趋合理,产品适销对路,经济效益提高,1983年社队工业总产值达757亿元,占全国工业总产值12%,相当于1957年全国工业总产值。

1984年6月22日,《人民日报》报道,1983年,我国乡镇集体企业总收入已占农村经济总收入四分之一。

五、作者观点

【武汉市经济体制综合改革拉开序幕】 我国经济体制改革从1978年年底到1984年10月,率先从农村铺开。在城市,从扩大企业自主权入手,进行了综合和专项改革试点。从 1984 年 10 月开始,改革的重点逐步转移到城市,并扩展到科技、教育等方面。党的十一届三中全会后,武汉市委、市政府积极进行城市改革的试点和探索,但由于历史形成的高度集中的计划经济体制的影响,政企不分,条块分割,严重阻碍了武汉经济社会事业和城市建设的发展。显然,要进一步推动武汉经济社会健康快速发展,就必须推进城市经济体制综合改革。1984 年 6 月 3 日,《人民日报》发表题为《武汉进行经济体制综合改革试点》的报道,根据国务院的决定,武汉市政府现已拟定出改革试点的 10 条实施方案。旨在以“两通”为突破口,发挥中心城市的优势。由此,武汉市经济体制综合改革的序幕拉开了。武汉经济体制综合改革的实质是由计划经济向市场经济转轨变型的一次大胆的尝试和探索,在某些方面起到了典型示范作用,在当时全国经济体制改革中享有较高的地位。这对于搞活华中地区经济,探索省会大城市经济体制改革的路子,以及充分发挥大城市的经济中心作用,都具有重要意义。

参考文献

[1]人民日报图文数据库(1946—2018)。

[2]王振川. 中国改革开放新时期年鉴(1984)[M]. 北京:中国民主法制出版社,2015:438 - 509.

[3]中共中央政策研究室. 中华人民共和国大事记(1949—2009)[M]. 北京:人民出版社,2009:359.

[4]吴晓灵. 中国金融改革大事记[M]. 北京:中国金融出版社,2008:82 - 83.

[5]孙锦华. 上海经济大事记 1984 年 6 月[J]. 上海经济研究,1984(7):61 - 64.

[6]中央财经领导小组办公室. 中国经济发展五十年大事记(1949. 10—1999. 10)[M]. 北京:人民出版社,1999:370 - 371.

[7]中国共产党大事记·1984 年[EB/OL]. 中国共产党新闻网,http://theory. people. com. cn/GB/40557/67082/67088/4526524. html.

[8]柳红. 八〇年代:中国经济学人的光荣与梦想[M]. 桂林:广西师范

大学出版社,2010:343.

[9]吴敬琏,马国川. 中国经济改革二十讲[M]. 北京:生活·读书·新知三联书店,2012:87.

[10]邓小平文选(第3卷)[M]. 北京:人民出版社,1993:65.

[11]吴敬琏. 当代中国经济改革[M]. 上海:上海远东出版社,2003:70.

[12]涂天向. 武汉城市经济体制综合改革概述[EB/OL]. 武汉党史网,http://whdsw.wuhan.gov.cn/html/dsyj/ztyj/201712/t2017 1220_148455.shtml.

[13]高尚全. 中国城市经济体制改革的进程和成就[J]. 中国经济体制改革,1992:27-30.

[14]李晓西. 绿色抉择:中国环保体制改革与绿色发展40年[M]. 广州:广东经济出版社,2017:543.

[15]李佐军. 中国改革新思维——改出一个"人本市场经济"[M]. 北京:电子工业出版社,2013:33.

推进城市商业体制改革
(1984.07)

1984 年 7 月,国务院批转商业部《关于当前城市商业体制改革若干问题的报告》,提出了城市商业体制改革六个方面的意见,对于形成城乡畅通、地区交流、纵横交错、四通八达的流通网络,发展社会主义统一市场,以及在商业企业内部建立责、权、利相结合的企业管理办法,具有重要的意义。

一、重要文件

1984 年 7 月 5 日,国务院发布《国营企业奖金税暂行规定》。

1984 年 7 月 16 日,国务院发布《关于设立国务院特区办公室的通知》,撤销国务院办公厅特区工作组。

二、重大事件

1984 年 7 月 11 日,国务院决定,在沈阳进行经济体制综合改革试点,并赋予大连市省级经济管理权限。

1984 年 7 月 20 日,《人民日报》报道,中央书记处决定,改革干部管理体制,适当下放干部管理权限,采取分级管理、层层负责的办法,缩小由中央管理的干部的范围。中央原则上只管下一级的主要领导干部。

1984 年 7 月 22 日,国务院批准南京市试点,进行经济体制综合改革,形成开放型经济网络,搞好长江下游地区经济。

1984 年 7 月 25 日,北京市天桥百货股份有限公司成立。这是我国第一家多种经济成分入股集资的商业联合企业。

1984 年 7 月 28 日,第二十三届奥林匹克运动会在美国洛杉矶举行,这是我国首次全面参加奥运会比赛。

三、重要论述

1984 年 7 月 24 日,中央财经领导小组在听取国家计委关于计划工作改革的汇报时指出,计划体制改革主要改革两个方面:一是缩小指令性计划,扩大指导性计划和市场调节的范围;二是扩大市场调节以后,为了便于企业活动,必须主要采用经济手段。

《上海经济研究》(1984 年第 7 期)刊发了于光远的《战略学与地区战略》。文章认为,战略是我们制定规划的前导,而规划则是我们制定具体计划的前导。所以要正确地制定出一个地区的长远规划和具体计划,就必须开展对这个地区的发展战略的研究,首先制定出一个正确的发展战略。

《经济研究》(1984 年第 12 期)刊发了马洪组织中国社会科学院吴敬琏、周叔莲、张卓元等几位研究人员撰写的《关于社会主义制度下我国商品经济的再探索》,文章指出,不应把计划经济同商品经济对立起来,承认社会主义经济的商品性,是实行对内搞活、对外开放的理论依据。

四、重要数据

1984 年 7 月 25 日,根据《人民日报》报道,截至 1984 年 6 月底,城乡储蓄存款总额达 1012 亿元,成为银行信贷资金来源稳定可靠的组成部分。

五、作者观点

【推进城市商业体制改革】 现代城市是一个开放系统,它的经济联系不可能局限在一个城市范围内进行,必然要超越出自身范围,延伸到周围地区和其他城市,乃至国外。一个城市的经济中心作用,首先是商业流通中心的作用。因而,搞活城市的商业流通,是搞活城市经济的关键所在。我国改革开放初期,商业流通体制是按行政区划、行政层次统一收购和供应商品的流通体制,它是以政企职责不分、国营商业独家经营为基本内容,其基本特点是封闭型、分配式、少渠道、多环节、大锅饭。随着商品生产的大发展，这种管理体制已经不能适应商品流通的需要。1984 年 7 月，国务院批转商业部《关于当前城市商业体制改革若干问题的报告》（以下简称《报告》）。《报告》提出了城市商业体制改革六个方面的意见：一是实行政企分开，扩大企业权力，加强行政管理；二是改革日用工业品一二三级批发层次，批发站与城市批发公司合并；三是建立城市贸易中心，逐步形成开放式、多渠道、少环节的批发体制；四是小型国营零售商业、饮食服务业转为集体经营或租赁给经营者个人经营；五是国营零售商业和饮食服务业有计划有步骤地实行经营承包责任制；六是正确执行价格政策，严禁转嫁负担。这次城市商业体制改革，扬弃了原有商业体制的弊端，适应了社会化大生产对流通的要求，对于形成城乡畅通、地区交流、纵横交错、四通八达的流通网络，发展社会主义统一市场，以及在商业企业内部建立责、权、利相结合的企业管理办法，具有重要的意义。

参考文献

[1]人民日报图文数据库（1946—2018）。

[2]王振川. 中国改革开放新时期年鉴（1984）[M]. 北京：中国民主法制出版社，2015：510－579.

[3]中共中央政策研究室. 中华人民共和国大事记（1949—2009）[M]. 北京：人民出版社，2009：359－361.

[4]吴晓灵. 中国金融改革大事记[M]. 北京：中国金融出版社，2008：82－83.

[5]孙锦华. 上海经济大事记 1984 年 7 月[J]. 上海经济研究，1984（8）：62－65.

[6]黄孟复. 中国民营经济史·大事记[M]. 北京：社会科学文献出版社，2009：172.

[7]中央财经领导小组办公室. 中国经济发展五十年大事记（1949. 10—1999. 10）[M]. 北京：人民出版社，1999：371.

[8]中国共产党大事记·1984 年[EB/OL]. 中国共产党新闻网，http://

theory. people. com. cn/GB/40557/67082/67088/4526524. html.

[9]施修霖. 谈谈城市商业体制的根本性改革[J]. 福建论坛,1984:24,29 -33.

[10]于光远. 战略学与地区战略[J]. 上海经济研究,1984(7):1 -4.

[11]马洪. 关于社会主义制度下我国商品经济的再探索[J]. 经济研究,1984(12):4 -16.

[12]李佐军. 以供给侧改革塑造新动力:中国发展动力研究报告系列二[M]. 北京:中国言实出版社,2017:162.

对机械工业管理体制进行重大改革
（1984.08）

1984年8月，国务院决定，对机械工业管理体制进行重大改革，机械工业由此成为国家整体经济改革中的“试验田”。

一、重要文件

1984年8月1日，中国工商银行发布《城镇个体经济贷款办法》。

1984年8月3日，国务院批转国家经委、商业部、财政部《关于大力发展商办工业的报告》。要求商办工业在保持自身特点的同时，按工业的办法进行管理。

1984年8月6日，国务院批转中国农业银行《关于改革信用合作社管理体制的报告》（以下简称《报告》）。《报告》提出，恢复信用社合作金融的性质，变“官办”为“民办”；建立信用合作社的县联社。

1984年8月31日，国务院批转机械工业部《关于机械工业管理体制改革意见的报告》。

二、重大事件

1984年8月16日，由北京市海淀区海淀街道办事处与中国科学院声学所北京大学无线电系联合建立的海声软件开发公司开业。这是我国首家街道与科研单位、大学联营的科技企业。

1984年8月17日，国务院召开常务会议，决定对机械工业管理体制进行重大改革。

1984 年 8 月 22 日，国务院决定对机械工业管理体制进行重大改革，政企分开，打破界限，发展联合，机械部所属企业全部下放中心城市，省自治区机械厅局不直接管企业。

1984 年 8 月 25 日，由清华大学教师、校友和北京市海淀区合办的海华新技术发展中心成立。

1984 年 8 月 26 日，国务院决定，破除职务终身制，实行厂长任期制，1985 年起全国 3000 多家国营骨干企业首先实行。

1984 年 8 月 28 日，上海市和杭州市政府同时发布我国最早的民办科技机构管理规定，即《上海市民办科学研究和技术服务机构管理规定（试行）》和《关于杭州市民办科技机构有关问题的规定》。

三、重要论述

1984 年 8 月 28 日，方毅强调彻底打破平均主义实行多劳多得，对有重大贡献的科技人员要重奖，让一部分知识分子先富的政策若不落实，科学发展、经济振兴就不可能。

《数量经济技术经济研究》（1984 年第 8 期）刊发了刘国光的《系统论、控制论和信息论在经济管理中的应用第一次全国讨论会开幕词》。文章认为，系统论、控制论、信息论的应用，是管理现代化不可缺少的内容。经济系统论、经济控制论、经济信息论的研究和应用能促进国民经济管理现代化，是大有可为的。

四、重要数据

1984 年 8 月 9 日，根据《经济日报》报道，全国乡镇企业在 1983 年已达 1346000 家，总产值达 12000 多亿元，占全国社会总产值的 12%。

五、作者观点

【对机械工业管理体制进行重大改革】　我国改革开放是一个逐步深入的过程。在国务院各部委中，机械工业部是最早对原有“条条”集中管理的体制进行改革的部委。当时,体制所造成的条块分割、自成体系和企业“大而全”“小而全”的状况,严重地影响了机械工业的发展,客观上要求必须尽快进行改革,并为整个工业领导体制的改革提供经验。机械工业于1984年开始的企业改革,成为国家整体经济改革中的“试验田”。1984年8月,国务院决定对机械工业管理体制进行重大改革,政企分开,打破界限,发展联合,机械工业部所属企业全部下放中心城市,省自治区机械厅局不直接管理企业。国务院随后批转了机械工业部《关于机械工业管理体制改革意见的报告》。从此,我国机械工业改革不断深入,不断完善,逐步建立起具有中国特色的机械工业管理体制。

参考文献

[1]人民日报图文数据库(1946—2018)。

[2]王振川. 中国改革开放新时期年鉴(1984)[M]. 北京:中国民主法制出版社,2015:580-648.

[3]中共中央政策研究室. 中华人民共和国大事记(1949—2009)[M]. 北京:人民出版社,2009:361.

[4]吴晓灵. 中国金融改革大事记[M]. 北京:中国金融出版社,2008:84-85.

[5]孙锦华. 上海经济大事记1984年8月[J]. 上海经济研究,1984(9):61-64.

[6]黄孟复. 中国民营经济史·大事记[M]. 北京:社会科学文献出版社,2009:172.

[7]中央财经领导小组办公室. 中国经济发展五十年大事记(1949.10—1999.10)[M]. 北京:人民出版社,1999:371-372.

[8]中国共产党大事记·1984年[EB/OL]. 中国共产党新闻网,http://theory.people.com.cn/GB/40557/67082/67088/4526524.html.

[9]何光远. 见证中国机械工业30年[J]. 商务周刊,2008(3):35-39.

[10]邓力群,马洪,武衡. 当代中国的经济体制改革[M]. 北京:中国社

会科学出版社,1984:318.

[11]刘国光. 系统论、控制论和信息论在经济管理中的应用第一次全国讨论会开幕词[J]. 数量经济技术经济研究,1984(8):1-4.

[12]李佐军. 以供给侧改革塑造新动力:中国发展动力研究报告系列二[M]. 北京:中国言实出版社,2017:188.

莫干山会议——
1984 年全国中青年经济科学工作者讨论会
（1984.09）

1984 年 9 月 3—10 日，在浙江省德清县莫干山召开了第一次全国性的中青年经济科学工作者讨论会。这是一次载入中国改革时期史册的会议，被称为“经济改革思想史的开创性事件”，是青年经济工作者“第一次集体发声”。这次会议不仅让一批经济学家脱颖而出，而且为 80 年代的改革提供了重要的思路，引起了中央高层领导的重视。

一、重要文件

1984 年 9 月 11 日，根据六届全国人大常委会第七次会议决定，国务院发布产品税、增值税、盐税、营业税、资源税、国营企业所得税六个税收条例（草案）和调节税征收办法，自 1984 年 10 月 1 日试行。

1984 年 9 月 15 日，国务院批转对外经济贸易部《关于外贸体制改革意见的报告》（以下简称《报告》）。《报告》提出，政企分开，加强对外贸易的行政管理。外贸企业独立经营进出口业务，独立核算，自负盈亏。简政放权，充分调动外贸企业的经营积极性。实行进出口代理制，改进外贸经营管理。改革外贸计划体制，简化计划内容。改革外贸财务体制，加强经济调节手段。

1984 年 9 月 18 日，国务院批转财政部《关于在国营企业推行利改税第二步改革的报告》和《关于国营企业第二步利改税试行办法》。

1984 年 9 月 18 日，国务院发布《关于改革建筑业和基本建设管理体制若干问题的暂行规定》。主要内容有:全面推行建设项目投资包干责任制;大力推行工程招标承包制;勘察设计要向企业化、社会化方向发展,全面推行技术经济承包责任制;建筑安装企业要普遍推行百元产值工资含量包干;改革建设资金的管理办法,国家投资的建设项目改财政拨款为银行贷款;改革用工制度,逐步减少固定工比例,增加合同工比重;推行住宅商品化。

1984 年 9 月 20 日,六届全国人大常委会第七次会议通过《中华人民共和国森林法》和《中华人民共和国药品管理法》。

1984 年 9 月 29 日,中共中央、国务院发布《关于帮助贫困地区尽快改变面貌的通知》。要求明确指导思想,国家对贫困地区要有必要的财政扶持,但必须善于使用,纠正单纯救济的观点。

二、重大事件

1984 年 9 月 6 日,中国软件行业协会成立。

1984 年 9 月 9 日,据《人民日报》报道,保持国民经济持续稳定增长,保持人民生活进一步改善,国务院确定"七五"计划期间建设重点,以技术改造和改建扩建现有企业为主。

1984 年 9 月 15 日,全国水土保持重点地区治理工作会议强调,要认真推广以户承包小流域综合治理的经验,加快全国八个水土保持重点地区的治理速度。

三、重要论述

《经济工作通讯》(1984 年第 17 期)刊发了蒋一苇的《在经济工作中要重视"概念"问题》。文章认为,社会主义经济是有计划的商品经济。要发展社会主义商品经济,就必须按商品运动的客观规律,发展经济的横向联系。这种联系的模式,可以用天体结构做比喻,把它概括为四句话,即"大小中心,星罗棋布,辐射联系,平面交织"。必须用这种观念来理解中心城市、经济中心、经济区、经济网络等基本概念,才能跳出传统的按行政系统管理经济的框架,才能达到打破条块分割的目的。

《经济研究》(1984 年第 9 期)刊发了于光远的《改革与社会科学》。文章认为，改革要求社会科学给予指导，要求社会科学多方面为自己服务。同时，社会科学许多学科要发展，就要总结改革的历史经验，而且社会科学工作也只有进行改革，才能适应改革的形势，满足改革对社会科学提出的要求。

四、重要数据

据统计，1984 年上半年，我国对外贸易进出口总值为 484. 9 亿元，比 1983 年上半年增长 26. 3%，金额增加 101. 2 亿元。1984 年，我国对外贸易形势很好，也是我国历史上同期的最高水平。其中，出口为 250. 5 亿元，进口为 234. 4 亿元，分别比 1983 年上半年增长 27. 1% 和 25. 6%，金额增加 53. 6 亿元和 47. 8 亿元。

五、作者观点

【莫干山会议——1984 年全国中青年经济科学工作者讨论会】 1984 年 9 月 3—10 日（中共十二届三中全会之前约一个月），在杭州德清县莫干山上，召开了由朱嘉明、刘佑成、黄江南、张钢等青年经济工作者组织的第一次全国中青年经济科学工作者学术讨论会，简称“莫干山会议”。会议讨论了中国经济体制改革中的重大理论问题和现实问题。会议主要议题如下：一是价格改革的两种思路；二是与价格改革相关的若干问题；三是企业实行自负盈亏应从国营小企业和集体企业起步；四是沿海 14 个城市对外开放的若干问题的建议；五是金融体制改革的若干意见，发展和管理股份经济的几个问题；六是粮食购销体制的改革和农村产业结构的变动。“莫干山会议”结束后，由徐景安、朱嘉明、黄江南组织，蒋跃、刘瑜等参与撰写的七份专题报告上报。2014 年 9 月下旬，《经济日报》开设专版《探讨经济改革中的理论问题——中青年经济科学工作者学术讨论会论文摘登》，刊登了会议的部分论文。

十二届三中全会开启了城市改革，而改革一进入城市，分歧和矛盾就出现了，“莫干山会议”赶上了改革氛围最好的时期之一。“莫干山会议”主要讨论了中国经济体制改革中的重大理论问题和现实问题，为十二届三中全会提供了智力支持。这是一次载入中国改革时期史册的会议,被称为“经济改革思想史的开创性事件”,是青年经济工作者“第一次集体发声”。这次会议不仅让一批经济学家脱颖而出,而且为80年代的改革提供了重要的思路,引起中央高层领导的重视。莫干山会议后,“中青年”成为社会广泛认可的改革时代的新名词。

参考文献

[1]人民日报图文数据库(1946—2018)。

[2]王振川. 中国改革开放新时期年鉴(1984)[M]. 北京:中国民主法制出版社,2015:649-734.

[3]中共中央政策研究室. 中华人民共和国大事记(1949—2009)[M]. 北京:人民出版社,2009:361-363.

[4]吴晓灵. 中国金融改革大事记[M]. 北京:中国金融出版社,2008:85.

[5]孙锦华. 上海经济大事记1984年8月[J]. 上海经济研究,1984(10):61-64.

[6]中央财经领导小组办公室. 中国经济发展五十年大事记(1949. 10—1999. 10)[M]. 北京:人民出版社,1999:372-373.

[7]中国共产党大事记·1984年[EB/OL]. 中国共产党新闻网,http://theory. people. com. cn/GB/40557/67082/67088/4526524. html.

[8]贾康,刘薇. 构建现代治理基础——中国财税体制改革40年[M]. 广州:广东经济出版社,2017:191.

[9]柳红. 八〇年代:中国经济学人的光荣与梦想[M]. 桂林:广西师范大学出版社,2010:427-444.

[10]曹文炼. 重访莫干山,回望当年那场会[N]. 钱江晚报,2014-09-03.

[11]1984年上半年我国对外贸易简况[J]. 国际贸易,1984(11):54.

[12]顾鑫. 莫干山会议亲历者:平衡三大关系改革再闯关[N]. 中国证券报,2014-08-28.

[13]于光远. 改革与社会科学[J]. 经济研究,1984(9):3-8.

[14]蒋一苇. 在经济工作中要重视“概念”问题[J]. 经济工作通讯,1984(17):15-17.

[15]李佐军. 中国改革新思维——改出一个“人本市场经济”[M]. 北京:电子工业出版社,2013:37.

十二届三中全会明确提出“有计划的商品经济”（1984.10）

1984 年 10 月 20 日，中国共产党召开了第十二届中央委员会第三次全体会议。会议通过了《中共中央关于经济体制改革的决定》，《决定》明确指出，我国的社会主义经济是在公有制基础上的有计划的商品经济，突破了把计划经济同商品经济对立起来的传统观点，为以后提出社会主义市场经济理论做了铺垫。

一、重要文件

1984 年 10 月 4 日，国务院批转国家计委《关于改进计划体制的若干暂行规定》（以下简称《规定》）。《规定》提出，适当缩小指令性计划的范围，扩大指导性计划和市场调节的范围，搞好计划体制的改革工作。

1984 年 10 月 8 日，中国人民银行发布《关于改革全国银行联行制度的实施办法》。

1984 年 10 月 11 日，国务院批转城乡建设环境保护部《关于扩大城市公有住宅补贴出售试点报告》（以下简称《报告》）。《报告》指出，城市公有住宅补贴出售给个人，是逐步推行住宅商品化、全面改革我国现行住房制度的重要步骤。

1984 年 10 月 13 日，国务院发布《关于农民进入集镇落户问题的通知》，要求各级人民政府积极支持有经营能力和有技术专长的农民进入集镇经营工商业，并放宽其落户政策，统计为非农业人口。

1984 年 10 月 17 日，国务院批转城乡建设环境保护部《关于扩大城市公有住宅补贴出售试点的报告》（以下简称《报告》），《报告》指出，全面改革城市现行住房制度，扩大公有住宅补贴出售试点。

1984 年 10 月 20 日，中共十二届三中全会通过《中共中央关于经济体制改革的决定》。

二、重大事件

1984 年 10 月 1 日，首都举行阅兵式和群众游行，庆祝中华人民共和国成立 35 周年。

1984 年 10 月 8 日，中国第一支南极考察队在北京成立。

1984 年 10 月 20 日，中共十二届三中全会在北京举行。会议议题是贯彻执行对内搞活经济、对外开放的方针，加快以城市为重点的经济体制改革步伐。

三、重要论述

1984 年 10 月 8 日，在中外经济合作问题讨论会的闭幕式上，邓小平说："城市改革包括工业、商业、服务业，还有科技、教育、文化等领域，这意味着中国将走向全面改革的局面。中国搞建设不靠自己不行，这叫'自力更生'，但如果闭关自守，也不会成功。对外开放国策最少 50 ~ 70 年不变，即使是变，也只能是变得更加开放。"

《金融研究》（1984 年第 10 期）刊发了赵海宽的《我国银行的体制改革》。文章提出，当前银行体制改革的任务，应该以进一步在微观方面搞活，宏观方面加强控制，并增加发展业务的内部动力和外在压力为重点，加快改革步伐，促进经济体制改革更快地向前推进。

四、重要数据

1984 年 10 月 18 日，新华社报道，据国家体改委统计，全国进行经济体制综合改革试点的城市已达 52 个，其中省会城市 21 个，沿海开放城市 8 个。

五、作者观点

【十二届三中全会明确提出“有计划的商品经济”】 随着经济体制改革的推进和市场调节范围的不断扩大，1984 年 10 月，党的十二届三中全会通过了《关于经济体制改革的决定》，提出我国社会主义经济是“在公有制基础上的有计划的商品经济”，“商品经济的充分发展，是社会经济发展不可逾越的阶段，是实现我国经济现代化的条件”。在当时的条件下，这是相当大的突破，突破了把计划经济同商品经济对立起来的传统观点，为打破计划经济体制创造了条件。第一次在党的正式文件中明确社会主义经济是商品经济，实现了对市场作用认识的又一次飞跃，为进一步推进市场化改革奠定了理论基础，为后来社会主义市场经济理论的提出做了铺垫，形成了一种大多数人都能接受的改革思路。从此，我国改革的重点从农村转向城市。

参考文献

[1]人民日报图文数据库（1946—2018）。

[2]王振川．中国改革开放新时期年鉴（1984）[M]．北京：中国民主法制出版社，2015：735－807.

[3]中共中央政策研究室．中华人民共和国大事记（1949—2009）[M]．北京：人民出版社，2009：331－364.

[4]吴晓灵．中国金融改革大事记[M]．北京：中国金融出版社，2008：85－89.

[5]孙锦华．上海经济大事记 1984 年 10 月[J]．上海经济研究，1984（11）：19，63－65.

[6]中央财经领导小组办公室．中国经济发展五十年大事记（1949. 10—1999. 10）[M]．北京：人民出版社，1999：373－374.

[7]中国共产党大事记・1984 年[EB/OL]．中国共产党新闻网，http://theory. people. com. cn/GB/40557/67082/67088/4526524. html.

[8]贾康，刘薇．构建现代治理基础——中国财税体制改革 40 年[M]．广州：广东经济出版社，2017：1.

[9]邓力群,马洪,武衡．当代中国的经济体制改革[M]．北京:中国社会科学出版社,1984:204.

[10]柳红．八〇年代:中国经济学人的光荣与梦想[M]．桂林:广西师范大学出版社,2010:194.

[11]高尚全等．改革历程——献给改革开放30年[M]．北京:经济科学出版社,2008.

[12]吴敬琏．当代中国经济改革[M]．上海:上海远东出版社,2003:71.

[13]徐平华．政府与市场:看得见的手与看不见的手[M]．北京:新华出版社,2014:86.

[14]厉以宁．大变局与新动力[M]．北京:中信出版集团,2017:27.

[15]《当代中国》丛书编辑部编．当代中国的对外贸易(上)[M]．北京:当代中国出版社,1992:42.

[16]赵海宽．我国银行的体制改革[J]．金融研究,1984(10):23-26.

[17]李佐军．中国改革新思维——改出一个"人本市场经济"[M]．北京:电子工业出版社,2013:37-38.

上海市第一家股份制企业诞生——飞乐音响（1984.11）

1984 年 11 月 18 日，上海飞乐音响公司成立并向社会发行股票，这是上海市第一家股份制企业，是新中国成立以来，在工业领域第一家比较规范的股份公司。这在当时虽然没有吸引过多关注，那时距离新中国资本市场正式开启的标志性事件——上海证券交易所成立还有整整六年，但它的作用并不亚于亚马逊河流域热带雨林中那只扇动翅膀的蝴蝶。

一、重要文件

1984 年 11 月 3 日，国务院批转中国人民保险公司《关于加快发展我国保险事业的报告》。

1984 年 11 月 13 日，国务院发布《关于严格控制财政支出和大力组织货币回笼的紧急通知》。

1984 年 11 月 15 日，国务院发布《关于经济特区和沿海 14 个港口城市减征、免征企业所得税和工商统一税的暂行规定》。

1984 年 11 月 20 日，国务院批转轻工业部、全国手工业合作总社《关于轻工业集体企业若干问题的暂行规定》。

1984 年 11 月 20 日，国家外汇管理局等部门发布《关于加强外汇兑换券管理工作的联合通知》。

二、重大事件

1984 年 11 月 1 日，中国科学院计算所高级工程师柳传志，领头创办了主要从事计算机研究、开发、生产、经营、服务一体化的“计算所公司”。这是联想集团的前身。

1984 年 11 月 13 日，国家科委召开首届科技人才交流工作会议。

1984 年 11 月 11—20 日，第二次全国企业技术进步工作会议在北京召开。

三、重要论述

《价格理论与实践》(1984 年第 6 期) 刊发了于光远的《计划和市场的关系》。文章认为，指令性经济计划也要受市场调节，即制定指令性经济计划的机关和单位也是接受市场调节者，虽然不直接从事计划产品的生产；而直接生产这些产品的是接受市场调节的企业。在这里，只是接受市场调节者的身份不同。

《河南金融研究》(1984 年第 11 期) 刊发了杨培新的《金融体制改革必须继续深入》。文章认为，当前经济工作的重点是：对现有经济体制进行系统改革，对现有企业进行技术改造。要与经济发展相适应，银行必须继续进行配套改革，使我们的工作方式和具体做法有一个大转变。人民银行的具体业务交给专业银行之后，工作将转向更深入、更高级的领域，要调节好贷款的总闸门，要在汲取国外经验的同时，结合我国国情不断实践，摸索出社会主义国家宏观经济调控的办法和经验。

四、重要数据

1984 年 11 月 1 日，根据《人民日报》报道，我国 1984 年农业生产又获丰收，粮食总产可达 4000 亿公斤，棉花可产 11000 万担。

1984 年 11 月 6 日，国家工商局个体经济司负责人在江苏省个体劳动者首届代表大会上宣布，目前全国城乡个体工商业者已发展到 1100 万人。

五、作者观点

【上海市第一家股份制企业诞生——飞乐音响】 1984年,党的十二大报告明确提出,经济体制改革的中心环节是搞活国营大中型企业。在所有权与经营权分离的条件下,出现了承包经营责任制、租赁制、资产经营责任制、税利分流以及股份制试点,探索搞活企业的多种经营方式。1984年,出现包括股份制在内的各种形式的改革尝试。1984年11月14日,人民银行上海分行批准了由上海飞乐电声总厂、飞乐电声总厂三分厂、工行上海市分行静安区办工会发起设立的上海飞乐音响股份有限公司,向社会公众及职工发行股票。1984年11月18日,上海第一家经中国人民银行上海市分行批准,向社会公开发行股票的股份制企业——上海飞乐音响公司成立。并向社会发行每股面值50元的股票1万股。与如今IPO不同的是,当时公开发行股票筹资是用于设立飞乐音响,而非投资具体项目。这一小小的举动当时并没有引起人们的过多注意,那时距离新中国资本市场正式开启的标志性事件——上海证券交易所成立还有整整六年,但它的作用并不亚于亚马逊河流域热带雨林中那只扇动翅膀的蝴蝶。1986年,邓小平同志在人民大会堂会见了美国纽约证券交易所董事长范尔森,在这历史性会晤中,最具意义的场面是美国客人赠送给我国一枚纽约股票交易所的会徽,而我国则赠送给这位美国客人一支上海飞乐音响公司股票。这次不寻常的会见和不寻常的赠送有着深远的意义,揭开了我国以股份制为主要形式的国有企业改革的序幕。

参考文献

[1]人民日报图文数据库(1946—2018)。

[2]王振川. 中国改革开放新时期年鉴(1984)[M]. 北京:中国民主法制出版社,2015:808-883.

[3]中共中央政策研究室. 中华人民共和国大事记(1949—2009)[M]. 北京:人民出版社,2009:331-364.

[4]吴晓灵. 中国金融改革大事记[M]. 北京:中国金融出版社,2008:89-90.

[5]孙锦华. 上海经济大事记 1984 年 10 月[J]. 上海经济研究,1984(12):62-65.

[6]中央财经领导小组办公室. 中国经济发展五十年大事记(1949. 10—1999. 10)[M]. 北京:人民出版社,1999:374.

[7]黄孟复. 中国民营经济史·大事记[M]. 北京:社会科学文献出版社,2009:173-174.

[8]中国共产党大事记·1984 年[EB/OL]. 中国共产党新闻网,http://theory.people.com.cn/GB/40557/67082/67088/4526524.html.

[9]于光远. 计划和市场的关系[J]. 价格理论与实践,1984(11):42.

[10]杨培新. 金融体制改革必须继续深入[J]. 河南金融研究,1984(11):55-56.

[11]游天龙. 国有企业改革风雨 30 年:从放权让利到市场化[EB/OL]. 独家网,http://www.dooo.cc/2014/07/30485.shtml.

[12]李佐军. 中国改革新思维——改出一个"人本市场经济"[M]. 北京:电子工业出版社,2013:39.

促进农村产业结构优化
（1984.12）

1984年12月，中共中央召开了全国农村工作会议，此次会议对于促进农村产业结构优化，进一步搞活农村经济，具有重要意义。

一、重要文件

1984年12月2日，中共中央、国务院发布《关于严禁党政机关和党政干部经商、办企业的决定》。

1984年12月5日，国务院办公厅发布《关于设立国家环境保护局的通知》，将城乡建设保护部保护局改为国家环境保护局，仍归城乡建设环境保护部领导，同时也是国务院环境保护委员会的办事机构。

1984年12月8日，国务院发布《关于国营企业厂长（经理）实行任期制度的通知》，决定从1985年1月1日起，实行厂长（经理）任期制度。

1984年12月8日，国家计委、中国人民银行、中国人民建设银行发布《关于试行加强基本建设自筹资金管理的暂行规定》。

1984年12月10日，中国人民银行、国家外汇管理局等部门发布《关于停止试行贸易外汇内部结算价格的通知》。

1984年12月14日，国家计委、财政部、中国人民建设银行发布《关于国家预算内基建投资全部由拨款改为贷款的暂行规定》。决定从1985年起，凡是由国家预算安排的基本建设投资全部由财政拨款改为银行贷款（简称"拨改贷"）。

二、重大事件

1984 年 12 月 15 日，国务院发布通知，批准唐山、大同、包头、大连、鞍山、抚顺、吉林、齐齐哈尔、青岛、无锡、淮南、洛阳、重庆 13 个城市为“较大的市”。这些城市可依法拟定本市需要的法规草案。

三、重要论述

《学习与探索》(1984 年第 6 期) 刊发了于光远的《社会主义经济体制改革在实践中》。文章认为，推进经济体制改革最重要的一件事就是实践。我们搞经济体制改革需要有全面的考虑，要有计划地进行。但是经济体制改革又是一个十分迫切的事情，不应该等到把理论问题都弄清楚，总的改革方案定下来，大家的思想完全一致后才行动。我们要抓紧时间来实践社会经济体制改革。

《经济管理》(1984 年第 12 期) 刊发了薛暮桥的《按照客观经济规律管理经济》。文章认为，要从国民经济的整体出发，不要“头痛医头”“脚痛医脚”，更不能为怕困难而不自觉地回到老路上去。要按照客观经济规律管理经济：一是应当采取符合我国国情、适当分散和比较灵活的生产方式；二是保持国民经济的正确比例关系；三是善于利用价值规律及其他经济杠杆，以引导各类产品的生产符合于国家计划和市场需要。

四、重要数据

据国家统计局统计 1984 年国内生产总值为 7171 亿元，比 1983 年增长 15. 2%，其中第一产业增长 12. 9%，第二产业增长 14. 5%，第三产业增长 19. 4%。全社会固定资产投资总额 1832. 87 亿元，其中，国有单位完成基本建设投资 743. 15 亿元。全国财政收入 1642. 86 亿元，比 1983 年增长 20. 2%；财政支出 1701. 02 亿元，比 1983 年增长 20. 7%。全年社会商品零售总额 3376. 4 亿元，商品零售价格指数比 1983 年增长 2. 8%。全国进出口贸易总额 1201 亿元，其中，出口 580. 5 亿元，进口 620. 5 亿元，入超 40 亿元。城镇居民家庭人均全部收入 660. 12 元，农村居民家庭人均纯收入 355. 33 元。

据统计，截至1984年年底，全国登记注册的个体工商户共有9304134户，从业人员达13031377人，注册资金为1001103.2万元，1984年实现营业额4576554.1万元。

五、作者观点

【促进农村产业结构优化】　随着我国农村改革的不断深化，农业生产全面增长，这就为农村产业结构优化、农业向大规模商品生产转化提供了物质基础和千载难逢的历史机遇。同时，以城市为重点的经济体制改革的全面展开，对农村改革提出了新的更高的要求，也为农村改革提供了动力。在此背景下，1984年12月，中共中央召开了全国农村工作会议。会议的议题是：确定1985年和今后一个时期农村工作的任务和指导思想，继续进行经济体制改革，在国家计划指导下扩大市场调节，促进农村产业结构优化，进一步搞活农村经济。此次会议抓住发展农村商品经济的有利时机，提出了进一步搞活农村经济的措施，对农村产业结构的优化，具有巨大的推动作用。

参考文献

[1]人民日报图文数据库(1946—2018)。

[2]王振川. 中国改革开放新时期年鉴(1984)[M]. 北京：中国民主法制出版社，2015：884－962.

[3]中共中央政策研究室. 中华人民共和国大事记(1949—2009)[M]. 北京：人民出版社，2009：331－364.

[4]吴晓灵. 中国金融改革大事记[M]. 北京：中国金融出版社，2008：90－92.

[5]孙锦华. 上海经济大事记1984年11—12月[J]. 上海经济研究，1984(12)：65－65.

[6]中央财经领导小组办公室. 中国经济发展五十年大事记(1949.10—1999.10)[M]. 北京：人民出版社，1999：374－375.

[7]黄孟复. 中国民营经济史·大事记[M]. 北京：社会科学文献出版社，2009：174.

[8]中国共产党大事记·1984年[EB/OL]. 中国共产党新闻网,http://theory. people. com. cn/GB/40557/67082/67088/4526524. html.

[9]李晓西. 绿色抉择:中国环保体制改革与绿色发展40年[M]. 广州:广东经济出版社,2017:545.

[10]于光远. 社会主义经济体制改革在实践中[J]. 学习与探索,1984(6):56-59.

[11]薛暮桥. 按照客观经济规律管理经济[J]. 经济管理,1984(12):7-11.

[12]全国农村工作会议(1984年12月6—22日)[EB/OL]. 中国共产党新闻网,http://dangshi. people. com. cn/GB/151935/176588/176597/10556318. html.

[13]李佐军. 中国改革新思维——改出一个"人本市场经济"[M]. 北京:电子工业出版社,2013:39.

我国第一次粮食流通体制改革
（1985.01）

1985 年 1 月，中共中央、国务院发布《关于进一步活跃农村经济的十项政策》（1985 年中央一号文件），决定改革农产品统派购制度，从 1985 年起实行合同定购和市场收购，这是真正意义上的我国第一次粮食流通体制改革。文件的发布，是我国农产品购销体制由统购统销走向“双轨制”的转折点。至此，我国实行了 31 年的农产品统购统销制度被打破。

一、重要文件

1985 年 1 月 5 日，国务院发布《关于国营企业工资改革问题的通知》，决定从 1985 年开始，在国营大中型企业中，实行职工工资总额同企业经济效益按比例浮动的办法；国家对企业的工资，实行分级管理的体制。

1985 年 1 月 7 日，国务院批转中国民用航空局《关于民航系统管理体制改革的报告》（以下简称《报告》）。《报告》提出，政企分开后，民航局作为国务院主管民航事务的部门，行使行政管理职能，不再直接经营航空运输业务。

1985 年 1 月 10 日，国务院发布《关于技术转让的暂行规定》（以下简称《规定》）。《规定》提出，在社会主义商品经济条件下，技术也是商品，单位、个人都可以不受地区、部门、经济形式的限制转让技术。

1985 年 1 月 10—21 日，六届全国人大常委会第九次会议通过《中华人民共和国会计法》《关于授权国务院在经济体制改革和对外开放方面可以制定暂行的规定或条例的决定草案》。

1985 年 1 月 31 日，国务院批转国家旅游局《关于当前旅游体制改革几个问题的报告》。

1985 年 1 月，国家物价局和国家物资局发布《关于放开工业生产资料超产自销产品价格的通知》，允许企业按市场价出售和购买“计划外”的产品，从此开始正式实行生产资料供应和定价的“双轨制”。

二、重大事件

1985 年 1 月 1 日，中国正式成为国际原子能机构成员国。

1985 年 1 月 10 日，六届全国人大常委会第九次会议在北京举行。

1985 年 1 月 25—31 日，国务院召开长江三角洲、珠江三角洲和闽南厦(门)漳(州)泉(州)三角地区座谈会。会议建议将这三个“三角”地区开辟为沿海经济开放区。

三、重要论述

《福建论坛(经济社会版)》(1985 年第 1 期)刊发了高尚全的《具有中国特色的社会主义经济体制蓝图》。文章认为，正确对待西方国家的经营管理经验，是当前迫切需要解决的一个重要问题，主要原因有以下几点：其一，学习西方经营管理经验，是现代化、社会化大生产的需要，反映现代社会化大生产的共同规律的经营管理方法，是人类生产实践中形成的共同文明成果，不受资本主义制度的制约；其二，学习西方经营管理经验是发展社会主义商品经济的需要；其三，学习西方经营管理经验，是搞活企业的需要；其四，学习西方经营管理经验，是实行对外开放的需要。

《财贸经济》(1985 年第 1 期)刊发了薛暮桥的《社会主义经济必须重视商品流通》。文章认为，改革生产资料的分配制度不是没有可能，而且这种改革可能会缓和生产资料供应的紧张情况。在产品分配以外，大力发展市场交换，这是缓和生产资料紧张状况必须走的道路。

《群言》(1985 年第 1 期)刊发了厉以宁的《摆脱僵化的经济模式以后》。文章认为，在摆脱僵化模式以后所要制定的应付“过渡性症状”的基本对策，首先是继续放权，真正放权，使企业生产和经营变得真正有活力，能适应市场的要求，能根据自身的经济利益来运用它们所得到的自主权。市场机制只有在不断发挥作用的过程中才会日益完善，市场信息系统只有在众多企业参加竞争的过程中才会逐渐形成。

《经济社会体制比较》（1985 年第 1 期）刊发了郭树清、刘吉瑞和邱树芳的《全面改革亟需总体规划——事关我国改革成败的一个重大问题》，文章认为，“双轨制”是一种“冲突型”的双重体制，它的长期持续，必然引起经济生活的混乱，甚至会导致改革的“夭折”。

四、重要数据

1984 年 1 月 23 日，根据《人民日报》报道，全国政企分开建立乡政府工作已经基本结束。截至 1984 年年底，全国共建乡 84340 多个。

五、作者观点

【我国第一次粮食流通体制改革】 我国计划经济体制的建立是以 1952 年实行粮食和棉花统购统销为先导的。20 世纪 80 年代初期实现家庭承包经营以后，粮、棉统购统销的框架仍然被保留下来，这造成了生产体制和流通体制之间的尖锐矛盾。在粮棉供应得到缓解以后，中共中央、国务院发布《关于进一步活跃农村经济的十项政策》（1985 年中央一号文件），决定改革农产品统派购制度，从 1985 年起实行合同定购和市场收购。该文件指出，打破集体经济中的“大锅饭”以后，农村的工作重点是，进一步改革农业管理体制，改革农产品统购派购制度，在国家计划指导下，扩大市场调节，使农业生产适应市场需要，促进农村产业结构的合理化，进一步把农村经济搞活。文件规定，从 1985 年起，除个别品种外，国家不再向农民下达农产品统购派购任务，按照不同情况，分别实行合同定购和市场收购。这是真正意义上的我国第一次粮食流通体制改革。以这个文件为标志，我国农村开始了以改革农产品统购派购制度、调整产业结构为主要内容的第二步改革。这是我国农产品购销体制由统购统销走向“双轨制”的转折点。至此，我国实行了 33 年的农产品统购统销制度被打破。

参考文献

[1]人民日报图文数据库(1946—2018)。

[2]王振川. 中国改革开放新时期年鉴(1985)[M]. 北京:中国民主法制出版社,2015:1-81.

[3]中共中央政策研究室. 中华人民共和国大事记(1949—2009)[M]. 北京:人民出版社,2009:355-356.

[4]吴晓灵. 中国金融改革大事记[M]. 北京:中国金融出版社,2008:93.

[5]中央财经领导小组办公室. 中国经济发展五十年大事记(1949.10—1999.10)[M]. 北京:人民出版社,1999:374-376.

[6]黄孟复. 中国民营经济史·大事记[M]. 北京:社会科学文献出版社,2009:175-176.

[7]中国共产党大事记·1985年[EB/OL]. 中国共产党新闻网,http://cpc.people.com.cn/GB/64162/64164/4416133.html.

[8]吴敬琏. 当代中国经济改革[M]. 上海:上海远东出版社,2003:65,74,75,106.

[9]郭树清,刘吉瑞,邱树芳. 全面改革亟须总体规划事关我国改革成败的一个重大问题[J]. 经济社会体制比较,1985(1):23-28.

[10]吴敬琏,马国川. 中国经济改革二十讲[M]. 北京:生活·读书·新知三联书店,2012:108.

[11]高尚全. 具有中国特色的社会主义经济体制蓝图[J]. 福建论坛(经济社会版),1985(1):1-7.

[12]薛暮桥. 社会主义经济必须重视商品流通[J]. 财贸经济,1985(1):1-3.

[13]厉以宁. 摆脱僵化的经济模式以后[J]. 群言,1985(1):24-27.

[14]李佐军. 中国改革新思维——改出一个“人本市场经济”[M]. 北京:电子工业出版社,2013:40.

信用社体制改革全面展开
(1985.02)

1985年2月，中国农业银行全国分行行长会议召开，会议确定1985年农村金融工作的任务。其中，关于信用社管理体制改革方面，会议决定，必须继续进行和基本完成信用社管理体制的改革，把信用社办成独立经营、独立核算、自负盈亏、能起民间借贷作用的合作金融组织。从此，信用社体制改革全面展开。

一、重要文件

1985年2月8日，国务院批转《关于上海经济发展战略的汇报提纲》。

1985年2月8日，国务院批转国家经委、财政部、中国人民银行《关于推进国营企业技术进步若干政策的暂行规定》。

1985年2月8日，国务院发布《城市维护建设税暂行条例》。

1985年2月18日，中共中央、国务院批转《长江、珠江三角洲和闽南厦漳泉三角地区座谈会纪要》，决定在上述地区开辟沿海经济开放区。

1985年2月26日，国务院发布《中华人民共和国进出口关税条例》和《中华人民共和国海关进出口税则》。

1985年2月28日，国务院发布《借款合同条例》。

二、重大事件

1985年2月2日，商业部发布通知——改变过去长期实行的棉花统购为按合同定购。

1985 年 2 月 5 日，全国经济工作会议在天津举行。会议提出，1985 年要紧紧围绕增强企业活力，特别是增强国营大中型企业活力这个中心环节，搞好城市改革和其他各项工作，进一步提高经济效益。要采取加快推行厂长负责制，发展多种形式的经济联合体，实行工资总额随同经济效益浮动等政策措施，促进企业由单纯生产型向经营开拓型转变。

1985 年 2 月 15 日，《人民日报》报道，国家决定从 1985 年起集体林区取消木材统购，开放木材市场，允许林农和集体的木材自由上市，实行议购议销。

三、重要论述

《农村金融研究》(1985 年第 9 期)刊发周升业的《金融体制改革的中心环节》。文章认为，赋予地方专业银行以权、责、利，使其成为独立经营的经济实体，应把这一点作为考虑理顺和设计银行体系结构、中央银行和专业银行间关系，以及信贷资金管理体制的出发点。

《计划经济研究》(1985 年第 Z1 期)刊发了薛暮桥的《计划体制改革的新课题》。文章认为，把企业放活关键是抓两条：一是善于利用经济杠杆，二是加强横向的经济协调。此外，还要加强经济立法，提高干部的政策和思想水平，管理遵循而不是违背经济体制改革的方向。

四、重要数据

1985 年 2 月 7 日，根据《人民日报》报道，1984 年扶持贫困农户 240 万户，130 万农户走上富裕之路。

1985 年 2 月 9 日，根据《人民日报》报道，全国共有 10 个城市工业产值超百亿元。

五、作者观点

【信用社体制改革全面展开】　信用社是我国金融体系的重要组成部分，是农村金融的基础，对我国农村经济发展和农村社会的全面进步有着举足轻重的影响。1979 年，信用社和农村金融制度在改革的春风中苏醒，1980

年国务院决定恢复农业银行，作为服务农业的专业银行，为农村金融体系的建设带来了重大契机，但我国农村金融体制的改革落后于农村的经济社会发展，特别是信用社体制的改革。我国信用社设立之初，普遍存在产权模糊、官办色彩浓厚、经营亏损比较严重的现象，信用社体制改革是一个迫切需要解决的问题。1984 年 8 月，国务院批转中国农业银行总行提交的《关于改革信用合作社管理体制的报告》；1985 年 2 月，中国农业银行全国分行行长会议召开，会议决定，必须继续进行和基本完成信用社管理体制改革，把信用社办成独立经营、独立核算、自负盈亏、能起民间借贷作用的合作金融组织。自此，信用社体制改革全面展开。

参考文献

[1]人民日报图文数据库(1946—2018)。

[2]王振川．中国改革开放新时期年鉴(1985)[M]．北京:中国民主法制出版社,2015:82 - 147.

[3]中共中央政策研究室．中华人民共和国大事记(1949—2009)[M]．北京:人民出版社,2009:369.

[4]吴晓灵．中国金融改革大事记[M]．北京:中国金融出版社,2008:93 - 95.

[5]中央财经领导小组办公室．中国经济发展五十年大事记(1949. 10—1999. 10)[M]．北京:人民出版社,1999:377.

[6]中国共产党大事记·1985 年[EB/OL]．中国共产党新闻网,http://cpc. people. com. cn/GB/64162/64164/4416133. html.

[7]周升业．金融体制改革的中心环节[J]．农村金融研究,1985(9):44.

[8]王曙光．农村金融改革 30 年历程与基本经验[J]．中国金融,2008(9):67 - 68.

[9]柳立. 30 年:中国农村金融改革获取的基本经验与共识[N]．金融时报,2008 - 12 - 22.

[10]薛暮桥．计划体制改革的新课题[J]．计划经济研究,1985(Z1):12－15.

[11]李佐军．中国改革新思维——改出一个“人本市场经济”[M]．北京:电子工业出版社,2013:40－41.

河南农村出现股份制合作模式
（1985.03）

1985年3月11日，《人民日报》转《河南日报》消息，河南省临汝县出现一种新型的经济合作形式——股份制合作。这是我国农村改革出现的合作经济新形式，是农村实行家庭式经营、商品生产逐步发展后，农民要求扩大经营规模的必然趋势，具有新的生命力。

一、重要文件

1985年3月3日，国务院发布《保险企业管理暂行条例》。

1985年3月13日，中共中央发布《关于科学技术体制改革的决定》。这是我国进行科技体制改革的纲领性文件。

1985年3月13日，国务院发布《关于下达调整生猪和农村粮油价格方案的通知》《关于加强物价管理和监督检查的通知》《关于加强外汇管理的决定》。

1985年3月15日，六届全国人大常委会第十次会议通过《中华人民共和国涉外经济合同法》。

1985年3月21日，国务院发布《关于实行"划分税种、核定收支、分级包干"财政管理体制的通知》。

二、重大事件

1985年3月2—7日，全国科学技术工作会议在北京召开，会议对科技体制的改革问题进行了讨论。

1985 年 3 月 4 日,中共中央、国务院发布《关于成立三峡省筹备组的通知》。三峡省曾被命名为三峡行政特区、三峡特区和三峡行政区,历经三次修改,最终定为“三峡省”。

1985 年 3 月 27 日,六届全国人大三次会议在京召开。

1985 年 3 月,中国银行珠海分行发行“中银卡”。这是我国发卡史上的第一张信用卡。

三、重要论述

《自然辩证法研究》(1985 年第 2 期)刊发杜润生的《关于农村改革的新课题》。关于农村改革主题问题,文章认为,一要解决集体与个人的关系问题,实行联产承包责任制,在公有制的基础上给农民以经营自主权;二要解决国家与农民的关系问题,要利用市场调节逐步改革统购统销体制。关于今后农村改革需要解决的问题,文章提出,一是市场问题;二是农村产业结构问题;三是合作化问题;四是农业技术改造问题。

《北京大学学报(哲学社会科学版)》(1985 年第 1 期)刊发了曹凤岐的《试论社会主义条件下的股份制度》。文章认为,股份制度是联合生产的一种形式,对社会主义经济发展有积极的促进作用。文章提出,建立社会主义股份制度是十分复杂的问题,是一个新的课题,应采取积极慎重的态度,认真总结经验,逐步形成符合社会主义经济发展的股份制度。为此,一要利用入股方式筹集资金,建立股份公司,需在国家计划指导下进行;二要建立广义的股份制度,采取多样化的组织形式;三要逐步使我国股票发行和交易法律化和规范化;四要有控制地和适当地开放股票市场。文章最后指出,在目前尚不具备开放股票交易市场的情况下,应明确股票可以转让,并规定一些转让办法。

1985 年 3 月 7 日,邓小平在全国科学技术工作会议上指出,经济体制和科技体制这两方面的改革,都是为了解放生产力。新的经济体制,应该是有利于技术进步的体制。新的科技体制,应该是有利于经济发展的体制。

四、重要数据

1985 年 3 月 6 日，煤炭部划出 350 亿吨资源给地方矿。

1985 年 3 月 6—13 日，全国城市经济体制改革试点工作座谈会在武汉市召开。会议认为，1984 年我国城市经济体制改革在理论上、实践上都取得了突破性进展，综合改革试点城市已发展到 58 个。

1985 年 3 月 29 日，据《人民日报》报道，我国提出 1985 年工业总产值增长 8%，农业增长 6%。

五、作者观点

【河南农村出现股份制合作模式】 改革开放以来，我国实行了以家庭联产承包经营责任制为基本特征的经济组织形式，代替了改革开放以前低效率的农村集体经济组织形式，调动了农民的积极性，大大地解放了农村生产力。随着生产社会化和市场化的发展，农村家庭承包经营也表现出一些不足，一种农民自愿联合、民主管理的互助型经济组织——农民专业合作社应运而生。1985 年 3 月 11 日，《人民日报》转《河南日报》消息，河南省临汝县出现一种新型的经济合作形式——股份制合作。所谓股份制合作模式，就是合股经营、按股金比例分红。资金可以入股，土地、厂房、牲畜、车辆等生产资料，以及劳动力、技术均可以计价入股。河南省临汝县出现的股份式合作，便于集聚群众中的零散资金，并带动技术、人才、生产资料等生产要素的合理组合，扩大农村各业的经营规模，向生产的广度和深度进军，创造新的更强劲的社会生产力。这是我国农村改革出现的合作经济新形式，是农村实行家庭式经营、商品生产逐步发展后，农民要求扩大经营规模的必然趋势，具有新的生命力。

参考文献

[1]人民日报图文数据库(1946—2018)。

[2]王振川. 中国改革开放新时期年鉴(1985)[M]. 北京:中国民主法制出版社,2015:82 - 148 - 252.

[3]中共中央政策研究室．中华人民共和国大事记(1949—2009)[M]．北京:人民出版社,2009:369－371.

[4]吴晓灵．中国金融改革大事记[M]．北京:中国金融出版社,2008:95－98.

[5]中央财经领导小组办公室．中国经济发展五十年大事记(1949．10—1999．10)[M]．北京:人民出版社,1999:377－379.

[6]黄孟复．中国民营经济史·大事记[M]．北京:社会科学文献出版社,2009:176.

[7]中国共产党大事记·1985年[EB/OL]．中国共产党新闻网,http://cpc．people．com．cn/GB/64162/64164/4416133．html.

[8]．杜润生．关于农村改革的新课题[J]．自然辩证法研究,1985(2):19－21.

[9]．曹凤岐．试论社会主义条件下的股份制度[N]．北京大学学报(哲学社会科学版),1985(1):102－109.

[10]李佐军．中国改革新思维——改出一个“人本市场经济”[M]．北京:电子工业出版社,2013:41.

全国技术市场协调指导小组成立
（1985.04）

1985年4月20日，全国技术市场协调指导小组成立，办公室设在国家科委，其任务是对全国技术市场进行宏观指导，协调各业务部门的关系，推动技术市场的发展。这对于推动我国科技体制改革，实现科技与经济的结合，具有重要意义。

一、重要文件

1985年4月1日，《中华人民共和国专利法》实施。

1985年4月2日，国务院发布《中华人民共和国经济特区外资银行、中外合资银行管理条例》。

1985年4月5日，六届全国人大三次会议通过王丙乾提出的《关于1984年国家预算执行情况和1985年国家预算草案的报告》，以及《关于授权国务院在经济体制改革和对外开放方面可以制订暂行的规定或条例的决定》《中华人民共和国继承法》。

1985年4月8日，国务院发布《关于控制固定资产投资规模的通知》。

1985年4月11日，国务院发布《中华人民共和国集体企业所得税暂行条例》。

1985年4月21日，《人民日报》报道，国务院最近批准国家科委、国家经委和国防工委《关于开放技术市场几点意见的报告》。

1985年4月26日，国务院发布《国营企业固定资产折旧试行条例》。

二、重大事件

1985 年 4 月 13 日，改革开放后，我国第一个私企执照以国务院特批形式颁发。国家工商行政管理局局长任仲林向大连市工商局发布命令，授权他们向姜维颁发改革开放后全国首个私营企业执照。

1985 年 4 月 13 日，根据《人民日报》报道，上海基建全部实行银行贷款。

1985 年 4 月 17 日，根据《人民日报》报道，辽宁省大连市摄影个体户姜维与香港华源投资有限公司合资成立的全国第一家个体户与港商合办企业——大连光彩实业有限公司，经国务院批准，于 4 月 13 日正式营业。

三、重要论述

《中国农村经济》(1985 年第 3 期)刊发杜润生的《关于农村生产专业化、商品化问题》。文章提出，要创立社会主义的新型城乡关系，要有正确的农业发展路线，有活力的经济体制和各项技术条件，使城乡资金、技术、劳动力能顺畅对流。

四、重要数据

1985 年 4 月 1 日，根据《人民日报》报道，1985 年一季度全国原油产量超 3000 万吨，发电 957 亿度。

1985 年 4 月 27 日，根据《人民日报》报道，1984 年全国出售住房收回 1.5 亿元。

1985 年 4 月 29 日，根据《人民日报》报道，全国 59 万多名农民进入集镇落户。

五、作者观点

【全国技术市场协调指导小组成立】　现代科学技术是生产力中最活跃的因素。随着技术革命的蓬勃发展，科学技术日益渗透到生产和生活的各个领域，成为提高劳动生产率的重要源泉。长期以来，我国的科学技术体制存在着严重的弊病，不利于科学技术工作面向经济建设，不利于科学技术成果迅速转化为生产力,束缚了科学技术人员智慧和创造才能的发挥,使科学技术的发展难以适应客观形势发展的需要。1985 年 3 月 13 日,《中共中央关于科学技术体制改革的决定》正式出台,标志着我国科技体制改革由局部、自发阶段进入到全面、有组织进行的新阶段。1985 年 4 月 20 日,全国技术市场协调指导小组成立,办公室设在国家科委,其任务是对全国技术市场进行宏观指导,协调各业务部门的关系,推动技术市场的发展。这对于推动我国科技体制改革,实现科技与经济的结合,具有重要意义。

参考文献

[1]人民日报图文数据库(1946—2018)。

[2]王振川. 中国改革开放新时期年鉴(1985)[M]. 北京:中国民主法制出版社,2015:253 -344.

[3]中共中央政策研究室. 中华人民共和国大事记(1949—2009)[M]. 北京:人民出版社,2009:371 -372.

[4]吴晓灵. 中国金融改革大事记[M]. 北京:中国金融出版社,2008:98 -99.

[5]中央财经领导小组办公室. 中国经济发展五十年大事记(1949. 10—1999. 10)[M]. 北京:人民出版社,1999:379.

[6]黄孟复. 中国民营经济史 · 大事记[M]. 北京:社会科学文献出版社,2009:176.

[7]中国共产党大事记 · 1985 年[EB/OL]. 中国共产党新闻网,http://cpc. people. com. cn/GB/64162/64164/4416133. html.

[8]吴晓波. 激荡三十年:中国企业 1978—2008[M]. 北京:中信出版集团,2017:111.

[9]宋晓梧. 构建共享型社会——中国社会体制改革 40 年[M]. 广州:广东经济出版社,2017:137.

[10]侯强. 论 1985—1993 年我国科技法制改革中的发展[J]. 武汉科技大学学报(社会科学版),2014(10):541 -546.

[11]杜润生. 关于农村生产专业化、商品化问题[J]. 中国农村经济，1985(3):3－8.

[12]李佐军. 中国改革新思维——改出一个“人本市场经济”[M]. 北京:电子工业出版社,2013:41－42.

第一份《经济体制改革总体规划》诞生
（1985.05）

1985 年 5 月，我国第一份《经济体制改革总体规划》诞生，表明我国经济改革在经过近十年的摸索以后，开始对改革目标和基本路径进行清晰的界定，意义深远。

一、重要文件

1985 年 5 月 23 日，国务院同意并批转国家经委等部门《关于鼓励集资办电和实行多种电价的暂行规定》。集资办电分为两种方式：集资扩建、新建电厂的办法和买用电权的集资办法。

1985 年 5 月 24 日，国务院发布《中华人民共和国技术引进合同管理条例》。

1985 年 5 月 27 日，中共中央颁布《关于教育体制改革的决定》（以下简称《决定》）。《决定》指出，教育体制改革的根本目的是提高民族素质，多出人才、出好人才。

二、重大事件

1985 年 5 月 8 日，非洲开发银行第二十一届年会在布拉柴维尔举行，通过接纳中国和阿根廷为非洲开发银行的决议。

1985 年 5 月 11 日，部分省长、市长座谈会在北京召开，会议研究了调整基本建设规模、控制信贷、外汇、物价和消费基金等方面的问题。

1985 年 5 月 12 日，《解放日报》发表《乡镇工业看苏南，家庭工业看浙南，温州 33 万人从事家庭工业》的报道，并配发题为《温州的启示》的评论员文章，这是最早提到"温州模式"的文章。

1985 年 5 月，中共中央、国务院批准实施"星火计划"。"星火计划"旨在依靠科学技术促进农村经济的发展。

三、重要论述

《齐齐哈尔社会科学》(1985 年第 2 期) 刊发了于光远的《国家对国民经济的计划管理与经济杠杆》。文章提出，运用经济杠杆管理经济，不是单纯地运用法律手段，不是单纯地运用行政手段，也不是单纯地运用经济手段，它是一种法律手段、行政手段与经济手段三者相结合的一种手段。

《管理世界》(1985 年第 2 期) 刊发蒋一苇的《增强企业活力是经济体制改革的中心环节》。文章指出，搞活企业必须对企业定性、定位和定量；必须使企业成为活的细胞，在发展多种形式、多种渠道的横向经济联系的基础上建立纵向管理体系；必须围绕这一中心环节，建立配套的客观管理体制，同时，应当在企业中实行民主管理，使职工成为企业责权利的承担者。

《经济研究》(1985 年第 5 期) 刊发吴敬琏的《再论保持经济改革的良好经济环境》。文章认为，经济改革需要一个宽松的经济环境，改革的初战阶段尤其需要注意保持宽松的经济环境。一是要把经济增长速度控制在适当范围内；二是做好双重体制并存状况下的宏观控制工作，要充分运用多种有效手段；三是要对改革目标和实施步骤作出总体规划。

《财会通讯》(1985 年第 5 期) 刊发刘国光的《新经济体制模式的中国特色》。文章认为，我国社会主义经济模式的改造方向包含所有制结构、经济决策结构、经济调节体系、经济利益体系和经济组织体系五个方面。上述五个方面构成的新的经济模式，接近于与市场机制有机结合的计划经济模式。它的主要特点，一是坚持计划经济，同时发挥市场机制的作用；二是把大的方面管住、管好，把小的方面放开、放活；三是经济、行政、法律各种手段相互配合。

四、重要数据

1985 年 5 月 24 日，根据《人民日报》报道，1984 年我国农村农民自愿联合新的经济联合体已发展到 46.7 万个，共有从业人员 355.7 万人，固定资产价值达 33.7 亿余元。

五、作者观点

【第一份《经济体制改革总体规划》诞生】 1984 年 10 月，中共十二届三中全会作出《关于经济体制改革的决定》，把“有计划的商品经济”确定为我国经济改革的目标。表明我国领导人对经济改革的方向有了一个原则性的认定，即市场取向。但对“有计划的商品经济”的基本架构和运行方式，并没有给出清晰界定。1985 年，中央进一步明确了改革的目标模式和基本路径。这一年发生了三个重要的事件：一是 1985 年 5 月，第一份《经济体制改革总体规划》诞生；二是 1985 年 9 月，“宏观经济管理国际讨论会”对于我国改革的两个重大问题提出建议；三是 1985 年年末，中共中央全会接受经济学家的研究成果，确定了中国经济改革的具体目标。其中，关于 1985 年 5 月诞生的第一份《经济体制改革总体规划》。当时，中国社会科学院研究生院郭树清等三位受过现代经济学训练的研究生上书国务院，要求制定全面改革的总体规划。国家经济体制改革委员会组织了由楼继伟、郭树清等九位年轻经济学家组成的研究小组，并为国家经济体制改革委员会制定了《经济体制改革总体规划构思（初稿）》。按照这一“总体规划”设想，改革可以分两个阶段进行：第一阶段以实现商品市场的价格改革为中心，配套进行企业改革、财税体制改革、金融体制改革和建立中央银行制度；第二阶段形成完善的要素市场，取消指令性计划，完成从计划经济到“商品经济”的转型。我国第一份《经济体制改革总体规划》的诞生，表明我国经济改革在经过近十年的探索以后，开始对改革目标和基本路径进行清晰的界定，具有深远意义。

参考文献

[1] 人民日报图文数据库（1946—2018）。

[2]王振川．中国改革开放新时期年鉴(1985)[M]．北京:中国民主法制出版社,2015:345-429.

[3]中共中央政策研究室．中华人民共和国大事记(1949—2009)[M]．北京:人民出版社,2009:372-373.

[4]吴晓灵．中国金融改革大事记[M]．北京:中国金融出版社,2008:99.

[5]中央财经领导小组办公室．中国经济发展五十年大事记(1949.10—1999.10)[M]．北京:人民出版社,1999:379-380.

[6]黄孟复．中国民营经济史·大事记[M]．北京:社会科学文献出版社,2009:177.

[7]中国共产党大事记·1985年[EB/OL]．中国共产党新闻网,http://cpc.people.com.cn/GB/64162/64164/4416133.html.

[8]吴晓波．激荡三十年:中国企业1978—2008[M]．北京:中信出版集团,2017:194.

[9]经济界人士热议习近平新时代中国特色社会主义经济思想:中国特色社会主义政治经济学的最新成果[N]．经济日报,2017-12-22.

[10]吴敬琏,马国川．中国经济改革二十讲[M]．北京:生活·读书·新知三联书店,2012:126-128.

[11]蒋一苇．增强企业活力是经济体制改革的中心环节[J]．管理世界,1985(2):44-52,23.

[12]吴敬琏．再论保持经济改革的良好经济环境[J]．经济研究,1985(5):5-14.

[13]于光远．国家对国民经济的计划管理与经济杠杆[J]．齐齐哈尔社会科学,1985(2):6-12,14.

[14]刘国光．新经济体制模式的中国特色[J]．财会通讯,1985(5):93.

[15]李佐军．中国改革新思维——改出一个"人本市场经济"[M]．北京:电子工业出版社,2013:41-42.

推动机关和事业单位工资制度改革
（1985.06）

1985 年 6 月，中共中央和国务院决定对国家机关和事业单位工作人员的工资制度进行改革，改革的目的是为了逐步消除原有工资制度中的平均主义和其他不合理因素，初步建立起能够较好地体现按劳分配原则、便于管理和调节的工资制度。

一、重要文件

1985 年 6 月 4 日，中共中央和国务院发布《关于国家机关和事业单位工作人员工资制度改革问题的通知》。

1985 年 6 月 9 日，国务院批转国家物价局《关于价格改革出台情况及稳定物价措施的报告》。

1985 年 6 月 27 日，国务院办公厅发布《关于加强银行金融信贷管理工作的通知》。

1985 年 6 月 29 日，国务院批复福建省人民政府《关于报审厦门经济特区实施方案的报告》。

二、重大事件

1985 年 6 月 3 日，国际金融会议在中国香港举行。会议主题为“亚太地区的经济和展望，中国的外贸及投资前景，国际金融市场的新趋势，国际债务问题”。

1985 年 6 月 18 日，六届人大常委会第十一次会议作出决定，撤销教育部，设立国家教育委员会。

1985 年 6 月 29 日，国务院决定将国务院经济研究中心、国务院技术经济研究中心和国务院价格研究中心三家机构合并，组建国务院经济技术社会发展研究中心。

三、重要论述

《管理世界》(1985 年第 3 期) 刊发刘国光的《经济管理体制改革应有良好的经济环境》。文章认为，要使我国经济管理体制改革有一个良好的经济环境，需要纠正经济发展速度过高和与此相伴随的货币流通过多的倾向。文章分析了这两个问题，并对放慢发展速度、刹住消费膨胀和控制投资规模三个问题进行了论述。

《广州研究》(1985 年第 6 期) 刊发于光远的《论“五性组织”》。作者总结了我国近年来出现的一些咨询服务组织的五个特征，即开放性、松散性、实干性、民间性、服务非营利性。作者认为，在社会主义制度下，国家组织经济的职能，其中有不少必然要向非国家组织转移。“五性组织”的出现，体现了国家的某些经济职能逐步转向民间组织的过程。

四、重要数据

1985 年 6 月 4 日，新华社报道，全国农村人民公社政社分开，建立乡政府的工作已经全部结束。建乡前，全国共有 5.6 万多个人民公社、镇、政社，分开后，全国共建 9.2 万多个乡（包括民族自治乡）、镇人民政府，同时建立村民委员会 82 万多个。

根据《国际贸易》(1985 年第 10 期) 刊登的相关文章显示，1985 年上半年，我国对外贸易进出口总值为 860.1 亿元，扣除汇率因素，比 1984 年同期增长 47.2%。其中，出口为 335.2 亿元，比 1984 年同期减少 4.8%；进口为 524.9 亿元，比 1984 年同期增长 108.5%。1985 年上半年的进口额大于出口额,贸易差额由 1984 年同期的顺差 38.1 亿元变为 1985 年的逆差 189.7 亿元。

五、作者观点

【推动机关和事业单位工资制度改革】 收入分配体制改革在促进经济社会体制改革和经济社会发展上起到非常重要的作用。改革开放以前,由于所有制结构单一,国家为行政机关、事业单位和国有企业设定工资制度,工资分配管理严格,存在工资决定上的高度集中、工资水平上的平均主义等特点。1985 年的工资制度改革是我国进行的第二次全国工资制度改革(第一次为 1956 年),改革包括 1985 年年初的国营企业工资制度改革和 1985 年 6 月 4 日的机关和事业单位工资制度改革两个方面。此次机关和事业单位工资制度改革的目的,是为了逐步消除原有工资制度中的平均主义和其他不合理因素,初步建立起能够较好地体现按劳分配原则,便于管理和调节的工资制度。为此,此次机关和事业单位工资制度改革实行以职务工资为主要内容的结构工资制,建立了正常的晋级增资制度,并根据每年国民经济计划的完成情况,适当安排工资增长指标,初步体现了按劳分配原则。

参考文献

[1]人民日报图文数据库(1946—2018)。

[2]王振川. 中国改革开放新时期年鉴(1985)[M]. 北京:中国民主法制出版社,2015:430 - 510.

[3]中共中央政策研究室. 中华人民共和国大事记(1949—2009)[M]. 北京:人民出版社,2009:373 - 374.

[4]吴晓灵. 中国金融改革大事记[M]. 北京:中国金融出版社,2008:99 - 101.

[5]中央财经领导小组办公室. 中国经济发展五十年大事记(1949. 10—1999. 10)[M]. 北京:人民出版社,1999:380.

[6]黄孟复. 中国民营经济史 · 大事记[M]. 北京:社会科学文献出版

社,2009:168,177.

[7]中国共产党大事记·1985年[EB/OL]. 中国共产党新闻网,http://cpc.people.com.cn/GB/64162/64164/4416133.html.

[8]1985年上半年我国对外贸易简况[J]. 国际贸易,1985(10):9,31,58-61.

[9]宋晓梧. 构建共享型社会——中国社会体制改革40年[M]. 广州:广东经济出版社,2017:138-140.

[10]刘国光. 经济管理体制改革应有良好的经济环境[J]. 管理世界,1985(3):5-7.

[11]于光远. 论"五性组织"[J]. 广州研究,1985(6):6-9.

[12]李佐军. 中国改革新思维——改出一个"人本市场经济"[M]. 北京:电子工业出版社,2013:41-42.

推动国营企业工资制度改革
（1985.07）

1985年7月，国务院发布《国营企业工资调节税暂行规定》，这对于促进国营企业职工工资制度改革，有计划地、逐步地提高职工的工资水平，从宏观上合理地控制消费基金的增长速度，意义明显。

一、重要文件

1985年7月5日，国务院常务会议批准国家科委、原教育部、中国科学院《关于试办博士后流动站的报告》。中国博士后制度正式诞生。

1985年7月11日，中共中央、国务院、中央军委批准转发《军队体制改革、精简整编方案》。

1985年7月13日，劳动人事部等部门印发《国营企业工资改革试行办法》的通知。

1985年7月27日，国务院发布《中华人民共和国国家金库条例》。

二、重大事件

1985年7月17日，中国联合国协会在北京成立。

1985年7月24日，中国科学院决定设立青年科学基金。

1985年7月24日，国务院决定今年内全国开展税收大检查。

三、重要论述

《中国社会科学》(1985 年第 4 期)刊发厉以宁的《试论我国现阶段金融手段对宏观经济的调节作用》。文章认为,当前由于利息率变动对储蓄变动的影响较大,因此,可以采取调整存款利息率的方式来影响消费与储蓄之间的比例;但考虑到消费基金总量的增长可能来自居民可支配收入总量的增长,这样,存款利息率对消费基金总量的影响仍然是有限的。要控制消费基金,对货币供应量增长率的控制仍然是主要的金融手段。

1985 年 7 月 11 日,邓小平在听取经济情况汇报时指出,改革的意义在于,是为下一个 10 年和下一个世纪的前 50 年奠定良好的持续发展的基础。没有改革就没有今后的持续发展。物价改革是个很大的难关,但这个难关非过不可。今后即使出现风波,甚至出现大的风波,改革也必须坚持。

《农业经济问题》(1985 年第 7 期)刊发杜润生的《联产承包制与中国社会主义农业发展道路》。文章认为,目前正在广泛谈论的新的技术革命,农业科学化、工程化,这为农业的分散经营提供了有利的条件,它将为农业开辟一个现在还难以预料的崭新局面。农业实行专业化的家庭经营,再加上微型电子计算机和生物工程,将会大有前途。可以预料,有了新的技术革命,家庭经营作为合作经济的细胞长期存在下去的可能性将更大了。

《经济研究》(1985 年第 7 期)刊发周升业的《金融体制改革的任务和中心环节》。文章提出,大力发展商品经济,必然引起金融活动的深刻变化;搞活金融是金融体制改革的当务之急;在搞活金融的同时,注意加强金融宏观调节。关于金融体制改革的中心环节,文章认为,银行信用仍然是金融领域的主导形式,要搞活金融,就应把这主体部分发动起来,其中心环节则在增强地方专业银行的活力。

四、重要数据

1985 年 7 月 4 日,邮电部决定挖潜改造,三年增加长途电话干线一万条。

五、作者观点

【推动国营企业工资制度改革】 改革开放以前，由于所有制结构单一，国家对国营企业的工资分配管得很严，造成国营单位的工资制度趋同、工资调整同步进行的格局。从1985年开始，我国全面展开城市经济体制改革，重点进行国营企业改革。1985年年初，《国务院关于国营企业工资改革问题的通知》下发，提出在国营大中型企业中实行职工工资总额同企业经济效益按比例浮动，即工资工效挂钩模式。工资工效挂钩模式是我国企业工资改革的重要方式，初步实现了国营企业职工工资制度同行政机关和事业单位的脱钩，对促进国营企业提高经济效益和调动国营企业职工积极性发挥了重要作用。1985年7月3日，国务院发布《国营企业工资调节税暂行规定》，规定企业为纳税义务人，企业当年增发的工资总额超过国家核定的上年工资总额7%以上的部分计征工资调节税，实行超额累进税率。这对于促进国营企业职工工资制度改革，有计划地逐步地提高职工的工资水平，从宏观上合理地控制消费基金的增长速度，意义显著。

参考文献

[1]人民日报图文数据库(1946—2018)。

[2]王振川. 中国改革开放新时期年鉴(1985)[M]. 北京:中国民主法制出版社,2015:511-601.

[3]中共中央政策研究室. 中华人民共和国大事记(1949—2009)[M]. 北京:人民出版社,2009:374.

[4]吴晓灵. 中国金融改革大事记[M]. 北京:中国金融出版社,2008:101-102.

[5]中央财经领导小组办公室. 中国经济发展五十年大事记(1949.10—1999.10)[M]. 北京:人民出版社,1999:380-381.

[6]中国共产党大事记·1985年[EB/OL]. 中国共产党新闻网,http://cpc.people.com.cn/GB/64162/64164/4416133.html.

[7]贾康,刘薇．构建现代治理基础——中国财税体制改革40年[M]．广州:广东经济出版社,2017:198.

[8]宋晓梧．构建共享型社会——中国社会体制改革40年[M]．广州:广东经济出版社,2017:139,153.

[9]厉以宁．试论我国现阶段金融手段对宏观经济的调节作用[J]．中国社会科学,1985(4):28－35.

[10]杜润生．联产承包制与中国社会主义农业发展道路[J]．农业经济问题,1985(7):3.

[11]周升业．金融体制改革的任务和中心环节[J]．经济研究,1985(7):54－58.

[12]李佐军．中国改革新思维——改出一个"人本市场经济"[M]．北京:电子工业出版社,2013:43.

第一例国营企业破产整顿
（1985.08）

1985 年 8 月，沈阳市政府召开新闻发布会，对沈阳防爆器械厂等三家国营企业发布《破产倒闭限期整改通告》。这是新中国成立以来，第一例国营企业破产整顿事件。

一、重要文件

1985 年 8 月 20 日，国务院发布《关于进一步清理和整顿公司的通知》。通知强调，必须贯彻政企分开的原则。

1985 年 8 月 24 日，国务院发布《集体企业奖金税暂行规定》。

1985 年 8 月 25 日，国家工商行政管理局公布《公司登记管理暂行规定》。

1985 年 8 月 28 日，国务院发布《关于不再扩大 1985 年基本建设投资规模的通知》。

1985 年 8 月 29 日，国务院发布《关于审计工作的暂行规定》。

二、重大事件

1983 年 8 月 3 日，沈阳三家国营企业被选作试点，收到《破产警戒通告》。

1985 年 8 月 11 日，西部地区经济发展研讨会召开。

1985 年 8 月 13 日，全国财政工作会议在北京召开。

三、重要论述

《社会科学辑刊》(1985 年第 4 期)刊发厉以宁的《宏观经济与微观经济协调的理论对我国经济体制改革的参考意义》。文章认为,在考虑宏观经济与微观经济之间如何协调时,出现一个十分重要问题,即了解非单一的价格和市场上的价格变动等因素将怎样影响企业关于存货调整的决策。这种决策将会影响社会的剩余存货量,并通过社会剩余存货量的变动影响总收入和总投资的实际变动幅度。

《财贸经济》(1985 年第 8 期)刊发张卓元的《更好地发挥中心城市的流通中心作用——第三次全国中心城市经济理论讨论会开幕词》。文章认为,城市流通的中心作用是城市经济中心作用的基础,是搞活城市经济的关键所在。

《科学 · 经济 · 社会》(1985 年第 4 期)刊发薛暮桥的《发展我国东西部之间的经济技术协作》。文章认为,东部工业城市要用更大的力量来支援西部地区的开发,除经济合作外,还要加强技术的支援。经济合作的范围也要扩大,不仅是资金的融通和建设项目的合作,还应包括经济知识和经济管理经验的交流。应该认识到不开发西部地区,将不利于对东部地区经济的发展。

1985 年 8 月,郭树清等在《关于体制改革总体规划的研究》报告中提出,把体制改革分为两个阶段,第一阶段以理顺基本经济关系(价格、计划、税收、物资分配等)为重点,同时根据需要和可能调整改革其他非基本关系方面。第二阶段以非基本经济关系为重点,同时必然要求重新调整基本经济关系,最后完成改革,达到目标模式。

四、重要数据

据统计,1985 年上半年,我国水产品总量比 1984 年同期增长 8.3% 。

五、作者观点

【第一例国营企业破产整顿】 企业破产整顿,是商品经济运行中的新陈代谢现象,财产并不因所有制的变化而改变其物质特性。改革开放初期,由于长期的思想束缚,对企业"破产"只能发生在资本主义国家的认识根深蒂固,更不要提国营企业的"破产"。随着改革的不断深入,企业面临日益激烈的竞争环境,一些国营企业开始面临生存问题,甚至走到了破产边缘。1985 年 2 月 9 日,《关于沈阳市城市集体所有制工业企业破产倒闭处理试行规定》以沈阳市政府发(1985)24 号文件下发。面对这份已经成为政府文件的"破产规定",由于当时没有一家报社敢予以刊登,最终只能以广告形式全文发表在《辽宁经济日报》上。当时的这种改革尝试,无疑为我国后来的相关改革积累了宝贵的经验。1985 年 8 月 3 日,沈阳市政府召开新闻发布会,对沈阳防爆器械厂等三家国营企业发布《破产倒闭限期整改通告》。这是新中国成立以来,第一例国营企业破产整顿事件。1986 年 8 月 3 日,沈阳防爆器械厂被宣告破产倒闭,由此成为新中国第一家破产的国营企业。1986 年 12 月,我国的《企业破产法》草案在北京人大会议上正式通过试行。

参考文献

[1]人民日报图文数据库(1946—2018)。

[2]王振川. 中国改革开放新时期年鉴(1985)[M]. 北京:中国民主法制出版社,2015:602-687.

[3]中共中央政策研究室. 中华人民共和国大事记(1949—2009)[M]. 北京:人民出版社,2009:374-375.

[4]吴晓灵. 中国金融改革大事记[M]. 北京:中国金融出版社,2008:102-103.

[5]中央财经领导小组办公室. 中国经济发展五十年大事记(1949. 10—1999. 10)[M]. 北京:人民出版社,1999:381.

[6]黄孟复. 中国民营经济史·大事记[M]. 北京:社会科学文献出版社,2009:177.

[7]中国共产党大事记·1985 年[EB/OL]. 中国共产党新闻网,http://cpc.people.com.cn/GB/64162/64164/4416133.html.

[8]吴敬琏．当代中国经济改革[M]．上海:上海远东出版社,2003:75.

[9]郭树清等(1985 年 8 月)．关于体制改革总体规划的研究[J]．经济研究参考资料,1986(35).

[10]柳红．八〇年代:中国经济学人的光荣与梦想[M]．桂林:广西师范大学出版社,2010:468 -474.

[11]吴晓波．激荡三十年:中国企业 1978—2008[M]．北京:中信出版集团,2017:197 -198.

[12]王晓倩．新中国第一家破产企业历程[N]．新闻晚报,2008 -03 -26.

[13]新中国第一家国企破产回顾首次打破"大锅饭"[N]．辽宁晚报,2008 -03 -26.

[14]厉以宁．宏观经济与微观经济协调的理论对我国经济体制改革的参考意义[J]．社会科学辑刊,1985(4):47 -52.

[15]张卓元．更好地发挥中心城市的流通中心作用——第三次全国中心城市经济理论讨论会开幕词[J]．财贸经济,1985(8):24 -25,30.

[16]薛暮桥．发展我国东西部之间的经济技术协作[J]．科学·经济·社会,1985(4):3 -6.

[17]李佐军．中国改革新思维——改出一个"人本市场经济"[M]．北京:电子工业出版社,2013:43.

巴山轮会议——改革关键节点的重要国际会议（1985.09）

1985年9月，我国改革关键节点的重要国际会议——巴山轮会议召开。此次会议的重大意义在于，为不久召开的中共全国代表会议明确中国市场化改革的目标模式和我国政府恰当地把握宏观经济政策提供了理论依据。

一、重要文件

1985年9月6日，六届全国人大常委会第十二次会议通过了《中华人民共和国计量法》。

1985年9月11日，国务院批转国家经委、国家体改委《关于增强大中型国营工业企业活力若干问题的暂行规定》。

1985年9月15日，国务院批准国家科委制定的《关于抓一批“短、平、快”科技项目，促进地方经济振兴》的“星火计划”。

1985年9月18日，国务院发布《关于口岸开放的若干规定》。

1985年9月23日，中共全国代表大会通过《中共中央关于制定国民经济和社会发展第七个五年计划的建议》。

二、重大事件

1985年9月1日，我国首次公布国际收支统计平衡表情况。从此，我国外汇收支统计与国际收支统计两套体系并存，共同构成国家宏观经济决策的信息支持。

1985 年 9 月 2—7 日，宏观经济管理国际研讨会（即“巴山轮会议”）着重讨论了宏观经济管理的理论与国际经验、计划与市场的关系、经济调控手段的运用等问题。

1985 年 9 月 7 日，国务院召开税收财务大检查工作组全体人员会议。

1985 年 9 月，国务院批准成立“中国新技术创业投资公司”，开创了我国风险投资事业的先河。

三、重要论述

《当代世界社会主义问题》（1986 年第 1 期）刊发周叔莲的《从“巴山轮会议”看中国经济体制改革》。文章认为，改革传统的社会主义经济体制要求解决一系列复杂的理论问题和实际问题。“巴山轮会议”启示我们，为了解决这些问题，必须坚持马克思主义，贯彻理论联系实际的原则，并要认真研究其他国家包括西方国家的经验教训。这样做，我们就一定能够完成改革中国式社会主义经济体制的任务。

1985 年 9 月 23 日，在中共全国代表会议上，邓小平指出，十一届三中全会以来我们主要做了两件事，一是拨乱反正，二是全面改革。改革是社会主义制度的自我完善，在一定的范围内也发生了某种程度的革命性变革。不加强精神文明的建设，物质文明的建设也要受到破坏、走弯路。

四、重要数据

1985 年 9 月 9 日，我国 94% 的乡镇通了电话。

1985 年 9 月 27 日，全国使用合同工超过 200 万人。

1985 年 9 月 30 日，1985 年将有 500 万千瓦发电机组投产。

五、作者观点

【巴山轮会议——改革关键节点的重要国际会议】 1985 年是我国改革史上的一个转折：从农村改革到城市改革；从计划经济到有计划的商品经

济。这一年，物价和工资制度改革全面展开，1984年年底爆发了“经济过热”，在此大背景下，1985年9月2—7日，召开了有多位国内外著名专家参加的“宏观经济管理国际研讨会”（即“巴山轮会议”）。此会议被认为是改革开放以来，成功借用外脑求解中国经济发展策略的一次会议。会议着重讨论了宏观经济管理的理论与国际经验、计划与市场的关系、经济调控手段的运用、经济体制改革的目标模式、如何克服“经济过热”等问题。会后形成的《宏观经济管理国际研讨会对我国改革有参考价值的几点意见》和《关于“巴山轮会议”主要情况报告》报送国务院，10天后，中共全国代表会议通过的“七五”计划建议中，就吸收了“巴山轮会议”的成果，为明确我国市场化改革的目标模式和我国政府恰当地把握宏观经济政策提供了理论依据。“巴山轮会议”是一次从计划经济向市场经济转型的思想启蒙，也把焦点集中在了政府—市场—企业上，为1987年十三大提出“国家调节市场，市场引导企业”的方针作了理论准备。

参考文献

[1]人民日报图文数据库(1946—2018)。

[2]王振川．中国改革开放新时期年鉴(1985)[M]．北京:中国民主法制出版社,2015:688－784.

[3]中共中央政策研究室．中华人民共和国大事记(1949—2009)[M]．北京:人民出版社,2009:375－377.

[4]吴晓灵．中国金融改革大事记[M]．北京:中国金融出版社,2008:103－104.

[5]中央财经领导小组办公室．中国经济发展五十年大事记(1949. 10—1999. 10)[M]．北京:人民出版社,1999:381－382.

[6]黄孟复．中国民营经济史·大事记[M]．北京:社会科学文献出版社,2009:177.

[7]中国共产党大事记·1985年[EB/OL]．中国共产党新闻网,http://cpc.people.com.cn/GB/64162/64164/4416133.html.

[8]吴敬琏. 当代中国经济改革[M]. 上海:上海远东出版社,2003:75.

[9]吴敬琏,马国川. 中国经济改革二十讲[M]. 北京:生活·读书·新知三联书店,2012:114,128,189.

[10]赵人伟.1985年“巴山轮会议”的回顾与思考[J]. 经济研究,2008(12):17－28,49.

[11]柳红. 八〇年代:中国经济学人的光荣与梦想[M]. 桂林:广西师范大学出版社,2010:347－354.

[12]柳红. 巴山轮由急流险滩驶向大洋[N]. 经济观察报,2008－12－18.

[13]张春霞. 巴山轮会议中国转弯处的脑力激荡[N]. 时代人物周报,2005－08－16.

[14]周叔莲. 从巴山轮会议看中国经济体制改革[J]. 当代世界社会主义问题,1981(1):12－23.

[15]李佐军. 中国改革新思维——改出一个“人本市场经济”[M]. 北京:电子工业出版社,2013:44.

全国商业批发体制改革初步完成
（1985.10）

1985年10月，《经济参考报》的一篇报道格外引人注目——全国商业批发体制改革初步完成，这是我国城市经济体制改革取得初步成效的一个重要事件。

一、重要文件

1985年10月1日，《中华人民共和国继承法》正式施行。

1985年10月5日，国务院发布《事业单位奖金税暂行规定》

1985年10月9日，国务院发布《工资基金暂行管理办法》。

1985年10月12日，国务院同意并批转中国人民银行《关于全面开展信贷检查的报告》。

1985年10月16日，国务院发布《关于中外合资建设港口码头优惠待遇的暂行规定》。

二、重大事件

1985年10月17日，国家科委部署实施“星火计划”。

1985年10月20日，国务院决定全面开展信贷检查。

1985年10月25日，国务院批准乌鲁木齐市城市总体规划。

1985年10月31日，我国建成核科技工业体系。

三、重要论述

1985年10月23日，邓小平会见美国时代公司组织的美国高级企业家代表团时强调，社会主义和市场经济之间不存在根本矛盾。问题是用什么方法才能更有力地发展社会生产力。从某种意义上说，只搞计划经济会束缚生产力的发展。把计划经济和市场经济结合起来，就更能解放生产力，加速经济发展。对于改革中出现的一些消极现象，我们主要通过两个手段解决，一个是教育，一个是法律。

《社会科学辑刊》(1985年第5期)刊发周叔莲的《谈谈对国民经济的宏观管理问题》。关于正确划分决策权的问题，文章提出，一是扩权应该有计划有步骤地进行，尤其在改革的初战阶段；二是划分决策权应该注意配套和衔接；三是下放决策权既应考虑搞活企业的需要，也应考虑宏观控制的可能；四是要改进扩权试点工作。

《兰州学报》(1985年第5期)刊发于光远的《关于兰州市工作我想到要说的话》。文章提出，对城市中心作用的发挥，一是壮大城市的实力——经济实力、文化实力；二是城市要做好辐射广大地区的服务工作。

《金融研究》(1985年第10期)刊发赵海宽的《论我国专业银行的企业化管理》。文章认为，对专业银行实行真正的企业化管理，是我国银行体制进一步改革，必须迅速解决的一个关键性问题。把银行的体制改革推向前进，中央银行应迅速制定一个利息调节办法，使专业银行在组织吸收信贷资金和运用信贷资金方面的利益同国家整体利益一致起来。在此基础上对专业银行考核利润，实行真正的企业化管理。

四、重要数据

1985年10月18日，根据《经济参考报》报道，全国商业批发体制改革初步完成。全国562个批发站中有479个已下放到所在市，占85%，其中有16个省的二级站已全部下放。

1985年10月30日，我国个体工商业从业人员达1600万。

五、作者观点

【全国商业批发体制改革初步完成】 批发商业是商品流通的起点和中间环节,是商品流通的大动脉和总枢纽。它在商品流通中居于特殊的地位,起着重要的作用。改革开放初期,我国商业体制改革滞后,国营批发商业发展缓慢,其主要任务是执行国家计划,按固定供应区域、固定供应对象、固定作价办法,进行分配式和调拨式的经营。1984 年 10 月,中共十二届三中全会通过了《中共中央关于经济体制改革的决定》,明确了加快以城市为重点的整个经济体制改革的步伐。从此,我国经济改革的重点从农村转到城市。商业发展是城市发展的关键。商业是城市实现经济循环的物质代谢系统,是实现城市开放的物质手段。因此,商业体制改革是城市经济体制改革的关键。随着国务院 1985 年 3 月批转《全国城市经济体制改革试点工作座谈会纪要》的贯彻,一个以横向经济联合并朝着工业品以城市为中心、农副产品以集散地为中心的开放式、网络型商品流通格局开始形成。据《经济参考报》1985 年 10 月 18 日的报道,全国商业批发体制改革初步完成。

参考文献

[1]人民日报图文数据库(1946—2018)。

[2]王振川. 中国改革开放新时期年鉴(1985)[M]. 北京:中国民主法制出版社,2015:785 - 861.

[3]中共中央政策研究室. 中华人民共和国大事记(1949—2009)[M]. 北京:人民出版社,2009:375 - 377.

[4]吴晓灵. 中国金融改革大事记[M]. 北京:中国金融出版社,2008:104 - 105.

[5]中央财经领导小组办公室. 中国经济发展五十年大事记(1949. 10—1999. 10)[M]. 北京:人民出版社,1999:382.

[6]黄孟复. 中国民营经济史 · 大事记[M]. 北京:社会科学文献出版社,2009:177.

[7]中国共产党大事记·1985年[EB/OL]. 中国共产党新闻网,http://cpc. people. com. cn/GB/64162/64164/4416133. html.

[8]吴敬琏. 关于经济体制改革中的金融问题[J]. 天津金融研究,1985(10):1-2.

[9]田代贵. 中心城市的地位、作用与城市商业体制改革[J]. 商业经济研究,1986(4):12-14,26.

[10]钟廷豪. 试论中国商业体制改革的历史进程及其经验[J]. 浙江社会科学,1999(1):45-49.

[11]何庆任,谭广炎. 城市批发商业改革初探[J]. 商业经济文荟,1985(5):19-20,30.

[12]周叔莲. 谈谈对国民经济的宏观管理问题[J]. 社会科学辑刊,1985(5):42-48.

[13]于光远. 关于兰州市工作我想到要说的话[N]. 兰州学报,1985(5):4-8.

[14]赵海宽. 论我国专业一行的企业化管理[J]. 金融研究,1985(10):8-12.

[15]李佐军. 中国改革新思维——改出一个"人本市场经济"[M]. 北京:电子工业出版社,2013:44.

推动专利制度建设
（1985.12）

1985 年 12 月，我国颁发首批专利证书。这是《专利法》实施以来，我国科学技术领域的重要事件，对于推动专利制度建设，促进我国科学技术事业发展和现代化建设具有重大意义。

一、重要文件

1985 年 12 月 14 日，国家计委、财政部、中国人民建设银行联合发布《关于调整国家预算内基本建设投资拨款改贷款范围等问题的若干规定》。

1985 年 12 月 23 日，中国人民银行发布《关于加强金融机构的资金管理的规定》。

二、重大事件

1985 年 12 月 3 日，我国第一条货轮海运邮路开通。

1985 年 12 月 5—21 日，中共中央和国务院召开农村工作会议。会议交流贯彻落实中央 1985 年一号文件的情况，提出 1986 年农村工作的总要求。

1985 年 12 月 6 日，新华社报道，三北（西北、华北、东北）防护林体系一期工程超额完成任务，使 1.2 亿多亩农田得到林网保护。

1985 年 12 月 15—17 日，国家体改委体改所和北京青年经济学会讨论 1985 年国民经济形势和 1986 年拟采取的经济发展和体制改革的重大举措。

1985 年 12 月 20 日，企业全面整顿任务完成。

1985 年 12 月 28 日，我国颁发首批专利证书。

三、重要论述

《经济研究》（1985 年第 12 期）刊发刘国光等的《经济体制改革与宏观经济管理——“宏观经济管理国际讨论会”评述》。文章对会议讨论的经济体制改革的目标模式、经济体制模式的转换和宏观经济管理等问题进行了评述。关于宏观经济管理问题，文章评述涉及直接控制与间接控制、财政政策和财政手段的运用、货币政策和信贷杠杆的运用、财政政策和货币政策的配套及其选择、工资控制与个人收入分配政策、对外贸易管理和国际收支平衡、宏观调节的微观基础和前提。其中，关于“宏观调节的微观基础和前提”，文章认为，需要从宏观控制的微观基础及必要前提角度去进行分析研究，然后才能找出解决问题的正确途径。一是硬化企业的预算约束；二是建立和完善市场体系；三是积极果断地改革价格；四是建立健全经济信息与经济监督系统。

四、重要数据

据国家统计局统计，1985 年全年国内生产总值 8964.4 亿元，比 1984 年增长 13.5%，其中，第一产业增长 1.8%，第二产业增长 18.6%，第三产业增长 18.3%。全社会固定资产投资 2543.2 亿元，其中，国有单位完成基本建设投资 1074.37 亿元。全国财政收入 2004.82 亿元，比 1984 年增长 22.0%；财政支出 2004.25 亿元，比 1984 年增长 17.8%。全年社会商品零售总额 4305.0 亿元，商品零售价格指数比 1984 年增长 8.8%。全国进出口贸易总额 2066.7 亿元，其中出口 808.9 亿元，进口 1257.8 亿元，入超 448.9 亿元。城镇居民家庭人均可支配收入 739.10 元，农村居民家庭人均纯收入 397.60 元。

1985 年 12 月，“六五”时期（1981—1985 年），国内生产总值平均增长速度为 10.7%，工业总产值平均每年增长 12%，农业总产值平均每年增长 8.1%，财政总收入平均每年增长 11.6%，财政总支出平均每年增长 10.3%。

1985 年 12 月，全国各级物资部门已建立了 644 个物资贸易中心，形成了初具规模的生产资料交易市场，对重要生产资料实行计划价格和市场价格并行的“双轨制”。

五、作者观点

【推动专利制度建设】　专利制度是国际上通行的一种利用法律和经济的手段推动技术进步的管理制度。专利工作涉及法律、经济、外贸、企业管理等部门，而且与科技领域密切相关。专利制度的核心是专利法，其作为调整因发明创造成果的所有权和利用权而产生的各种社会经济关系的法律，必然与科学技术的研究活动和管理活动发生密切的关系。法国于1791年制定了第一部《专利法》。继法国之后，俄国于1814年、荷兰于1817年、西班牙于1820年、印度于1859年、德国于1877年、日本于1885年相继实行了专利制度。实行专利制度成为一种世界潮流，它在各国科技进步和经济发展中发挥着愈来愈重要的作用。1978年7月，中央作出“我国应建立专利制度”的决策。根据这一决策，原国家科委开始建设我国专利制度，从1979年3月开始制定专利法。1984年3月12日，六届人大常委会第四次会议通过《中华人民共和国专利法》（以下简称《专利法》），并于同年4月1日起实施。我国《专利法》的出台，是我国经济体制改革和科技体制改革的一项重要内容。特别是1985年12月28日，中国专利局在北京举行大会，颁发了我国首批专利证书，对138项专利申请授予专利权。这是我国《专利法》实施以来，我国科学技术领域的重要事件，对于推进专利制度建设，促进我国科学技术事业发展和现代化建设具有重大意义。

参考文献

[1]人民日报图文数据库（1946—2018）。

[2]王振川．中国改革开放新时期年鉴（1985）[M]．北京：中国民主法制出版社，2015：939－1017.

[3]中共中央政策研究室．中华人民共和国大事记（1949—2009）[M]．北京：人民出版社，2009：378.

[4]吴晓灵．中国金融改革大事记[M]．北京：中国金融出版社，2008：106.

[5]中央财经领导小组办公室. 中国经济发展五十年大事记(1949.10—1999.10)[M]. 北京:人民出版社,1999:382-383.

[6]中国共产党大事记·1985年[EB/OL]. 中国共产党新闻网,http://cpc.people.com.cn/GB/64162/64164/4416133.html.

[7]柳红. 八〇年代:中国经济学人的光荣与梦想[M]. 桂林:广西师范大学出版社,2010:396.

[8]李义敢. 专利制度在四化建设中的地位和作用[J]. 经济问题探索,1986(5):46-48.

[9]黄锦阳. 论我国专利制度与高校科研发展策略[N]. 哈尔滨工业大学学报,1986(1):103,113-118.

[10]陈美章. 专利制度在我国科技进步和经济发展中的作用[J]. 知识产权,1998(4):7-14.

[11]刘国光. 经济体制改革与宏观经济管理——"宏观经济管理国际讨论会"评述[J]. 经济研究,1985(12):3-19.

[12]李佐军. 中国改革新思维——改出一个"人本市场经济"[M]. 北京:电子工业出版社,2013:45-46.

第一部金融基本法规诞生
（1986.01）

1986 年 1 月，国务院发布《中华人民共和国银行管理暂行条例》，对我国建立以中央银行为中心的金融体系的一些内容作了明确规定，这是新中国成立后第一部关于金融的基本法规。这部重要金融法规的诞生，具有时代意义。

一、重要文件

1986 年 1 月 1 日，中共中央、国务院发布《关于 1986 年农村工作的部署》（即 1986 年中央一号文件）。

1986 年 1 月 7 日，国务院发布《中华人民共和国城乡个体工商业户所得税暂行条例》。

1986 年 1 月 7 日，国务院发布《中华人民共和国银行管理暂行条例》。

1986 年 1 月 8 日，国务院发布《关于通用航空管理的暂行规定》。

1986 年 1 月 23 日，国务院发布《关于科学技术拨款管理的暂行规定》。

二、重大事件

1986 年 1 月 4 日，全国职称改革工作会议在北京举行。

1986 年 1 月 4 日，国家经委决定建立全国宏观经济活动指标考察体系。

1986 年 1 月 6 日，国务院成立住房制度改革领导小组和领导小组办公室。

1986 年 1 月 6—10 日，国家体改委和中国人民银行在广州召开第一次金融体制改革试点座谈会。

1986 年 1 月 26 日，国务院决定成立国家中医管理局，由卫生部代管。

三、重要论述

《经济工作通讯》(1986 年第 1 期)刊发薛暮桥的《把国民经济建设成为一个脉络贯通的整体》。文章认为，过去我们按行政区划，人为地切断原有的经济联系，是不符合经济发展规律的。不解决这个问题，我国的国民经济将不可能形成一个脉络贯通的整体。关键是要政企分开，把行政管理与企业经营的关系进行彻底的改革，改变目前党政不分、政企不分的现象。

《中国经济体制改革》(1986 年第 1 期)刊发蒋一苇的《正确处理公司问题是当前体制改革的重要环节》。文章认为，当前整个经济体制改革的中心环节是增强企业特别是全民所有制大中型企业的活力。一个亟待解决的问题是要解决好所谓“行政性”公司问题。文章认为，行政性公司是国家用行政手段直接经营管理企业的产物，现有行政性公司必须改组。要改变行政性公司的性质，允许公司原有的成员自由进出、自由联合，此举不但不会削弱经济联合的步伐，反而推动经济联合按照经济规律大踏步地发展。

1 月 11—20 日和 1 月 12 日—2 月 3 日，全国经济工作会议和全国计划工作会议在北京召开。这两个会议认为，当前经济生活中不稳定的因素仍然存在，社会总需求仍然超过社会总供给。要着重抓好改善宏观控制；对已经出台的价格改革、工资改革做一些消化、补充工作；进一步把大中型骨干企业和出口企业搞活；大力促进跨地区、跨部门的横向经济联合。

1986 年 1 月 17 日，邓小平在中央政治局常委会上讲话指出，搞四个现代化一定要有两手，只有一手是不行的。所谓两手，即一手抓建设，一手抓法制。只有人民内部的民主，而没有对破坏分子的专政，社会就不可能保持安定团结的政治局面，就不可能把现代化建设搞成功。

四、重要数据

1986 年 1 月 9 日，厂长负责制试点达 2 万多个。

1986 年 1 月 12 日，据《人民日报》报道，1985 年总产值比 1978 年翻一番。

1986 年 1 月 30 日，公安部负责人宣布，中国政府决定调整对外国人开放的地区，由 1985 年的 107 个增加到 244 个。

五、作者观点

【第一部关于金融基本法规诞生】 改革开放前，我国银行是“大一统”的。中国人民银行既要发行国家货币，又办理各项银行一般业务。人民银行上下级之间，在业务上实行严格的计划管理和垂直领导。银行业务全部集中于一个银行，管得粗，管得死。1979 年银行系统开始改革：恢复中国农业银行，基本建设投资由财政拨款改为中国建设银行贷款。1983 年 9 月，国务院发布《关于中国人民银行专门行使中央银行职能的决定》，我国中央银行制度由此建立起来。1984 年实现了中央银行和各专业银行的分别设立，初步建立了一个政企分开的银行体系。此外，还建立了多种形式的银行和非银行金融机构，包括地方银行、信托投资公司、金融租赁等。这些机构开始在计划经济和市场经济之间的缝隙中尝试按照市场经济的规则开展金融活动。1986 年 1 月，国务院发布的《中华人民共和国银行管理暂行条例》，对我国建立以中央银行为中心的金融体系的一些内容作了明确规定。规定中央银行、专业银行和其他金融机构，都应当以发展经济、稳定货币、提高经济效益为目标。这是新中国成立后第一部关于金融的基本法规。这部重要金融法规的诞生，具有时代意义，对后来的金融改革产生了深远影响。

参考文献

[1]人民日报图文数据库(1946—2018)。

[2]王振川．中国改革开放新时期年鉴(1986)[M]．北京：中国民主法制出版社，2015：1－94.

[3]中共中央政策研究室．中华人民共和国大事记(1949—2009)[M]．北京：人民出版社，2009：379－380.

[4]吴晓灵．中国金融改革大事记[M]．北京：中国金融出版社，2008：107－109.

[5]黄孟复．中国民营经济史·大事记[M]．北京：社会科学文献出版社，2009：178.

[6]中央财经领导小组办公室．中国经济发展五十年大事记(1949.10—1999.10)[M]．北京:人民出版社,1999:384－385.

[7]中国共产党大事记·1986年[EB/OL]．中国共产党新闻网,http://cpc.people.com.cn/GB/64162/64164/4416136.html.

[8]薛暮桥．把国民经济建设成为一个脉络贯通的整体[J]．经济工作通讯,1986(1):8－10.

[9]蒋一苇．正确处理公司问题是当前体制改革的重要环节[J]．中国经济体制改革,1986(1):21－25.

[10]赵海宽．银行体制改革的回顾和展望[J]．金融研究,1986(1):1－6.

[11]刘鸿儒．论建立以中央银行为中心的社会主义金融体系——兼谈《银行管理暂行条例》的颁布和实施[J]．中国金融,1986(2):7－10.

[12]欧玮瑜．银行管理暂行条例公布施行的意义与作用[J]．上海金融,1986(4):12－13.

[13]李佐军．中国改革新思维——改出一个"人本市场经济"[M]．北京:电子工业出版社,2013:47.

全面开展金融体制改革
（1986.02）

1986 年 2 月，中国人民银行理事会全体会议确定了我国金融体制改革的四个主要目标，我国金融体制的全面改革由此展开。

一、重要文件

1986 年 2 月 1 日，《中华人民共和国公民出境入境管理法》正式施行。

1986 年 2 月 4 日，中共中央、国务院发布《关于进一步制止党政机关和党政干部经商、办企业的规定》。

1986 年 2 月 18 日，国务院发布《关于实行专业技术职务聘任制度的规定》。这是对专业技术人员管理工作的一项重大改革。

1986 年 2 月 23 日，人民日报刊发《中共中央、国务院关于一九八六年农村工作的部署》。

1986 年 2 月 27 日，国务院发布通知，批转《经济特区工作会议纪要》，并提出，经济特区今后的任务是，建成以工业为主、工贸结合的外向型经济，把更多的先进技术引进来，使更多的产品进入国际市场，更好地发挥技术、管理、知识、对外政策“四个窗口”作用。进一步做好外引内联工作。

二、重大事件

1986 年 2 月 8—10 日，中国人民银行理事会全体会议确定了我国金融体制改革的四个主要目标。

1986年2月14日，国家自然科学基金委员会成立。

1986年2月17日，亚洲开发银行理事会通过决议，接纳中华人民共和国为亚洲开发银行成员国。3月10日，中国正式成为亚洲开发银行成员。

1986年2月18日，全国口岸工作会议在大连召开。会议提出改善外贸运输宏观控制。

三、重要论述

《农村金融研究》(1986年第8期)刊发曹凤岐的《论专业银行的企业化管理》。文章认为，我国专业银行是有计划商品经济活动的直接参加者，是独立的经济实体。只有按照商品经济规律实行企业化经营管理，把它真正办成内有动力、外有压力、充满活力、责权利相结合的相对独立的金融企业，才能有效地融通资金，提高资金的使用效益。

《计划经济研究》(1986年第9期)刊发薛暮桥的《薛暮桥同志在全国宏观经济管理问题讨论会开幕式上的讲话》。文章认为，1984年第四季度银行信贷失控的根本原因，是社会主义国家最容易发生的"投资饥饿症"，在体制改革中由于缺乏利用经济手段进行宏观控制的经验。我们要善于利用经济手段(特别是控制银行信贷)和协商协调来加强宏观控制，以保证国民经济持久、协调、稳定地继续向前发展。

《计划经济研究》(1986年第9期)刊发厉以宁的《中长期计划中的宏观管理问题》。文章认为，经济改革的失败可能是由于价格改革的失败，而经济改革的成功则必须取决于所有制改革的成功。当前，应当把所有制改革提到前台，尽快进行试点。这样，其他方面的改革也可以相互配套进行，从而推动整个经济体制改革。

四、重要数据

1986年2月9日，国家统计局公布，1986年1月工业总产值比1985年同期增长5.6%。

1986年2月11日，据《人民日报》报道，1985年有97个大中型项目、134个大中型单项工程建成投产。

1986 年 2 月 17 日，据《人民日报》报道，1985 年我国接受专利申请 14000 多件。

1986 年 2 月 23 日，据《人民日报》报道，个体工商业者逾 1700 万。

五、作者观点

【全面开展金融体制改革】 1984 年通过的《关于经济体制改革的决定》（以下简称《决定》）明确了要建立社会主义有计划商品经济新体制。《决定》提出在改革价格体系的同时，还要进一步完善税收体制，改革财政体制和金融体制。《决定》出台不久，国务院决定成立金融体制改革研究小组。金融体制改革研究小组针对当时我国金融体系存在的问题，提出建立灵活、高效、多样的金融体制方案，即在集中统一的原则下，建立中央银行调节自如的管理体制；在全国逐步形成以中央银行为中心，多种金融机构并存的金融体系，形成以中心城市为依托的不同规模的金融中心；发展多种信用形式和融资渠道；金融机构的经营管理实现企业化和现代化。该金融体制改革内容被列入“七五”计划建议，并于 1985 年 10 月召开的中共代表会议上获得通过。1986 年 2 月 8 日召开的中国人民银行理事会全体会议上，进一步确定我国金融体制改革的四个主要目标：一是建立强有力的、灵活自如的、分层次的金融宏观调控和调节体系；二是建立以银行信用为主体，多种渠道、多种形式、多种信用工具聚集和融通资金的信用体系（包括建立逐步完善的经济补偿制度）；三是建立以中央银行为领导，国家银行为主体，多种金融机构并存和分工协作的社会主义金融组织体系；四是建立金融机构的现代化管理体系。我国金融体制的全面改革由此展开。

参考文献

[1]人民日报图文数据库（1946—2018）。

[2]王振川. 中国改革开放新时期年鉴（1986）[M]. 北京：中国民主法制出版社，2015：95－146.

[3]中共中央政策研究室. 中华人民共和国大事记（1949—2009）[M]. 北京：人民出版社，2009：380－381.

[4]吴晓灵．中国金融改革大事记[M]．北京:中国金融出版社,2008:109－119.

[5]中央财经领导小组办公室．中国经济发展五十年大事记(1949.10—1999.10)[M]．北京:人民出版社,1999:385.

[6]中国共产党大事记·1986年[EB/OL]．中国共产党新闻网,http://cpc.people.com.cn/GB/64162/64164/4416136.html.

[7]曹凤岐．论专业银行的企业化管理[J]．农村金融研究,1986(8):15－20.

[8]薛暮桥．薛暮桥同志在全国宏观经济管理问题讨论会开幕式上的讲话[J]．计划经济研究,1986(9):5－9.

[9]厉以宁．中长期计划中的宏观管理问题[J]．计划经济研究,1986(9):47－54.

[10]蔡重直．我国金融体制改革探讨[J]．经济研究,1984(10):21－25,39.

[11]李佐军．中国改革新思维——改出一个“人本市场经济”[M]．北京:电子工业出版社,2013:48

“863”计划诞生
（1986.03）

1986年3月，王大珩等四位老科学家联合向中共中央写了一封信，题为《关于跟踪研究外国战略性高技术发展的建议》。这封信得到了中央领导的高度重视。在随后的半年中，经过广泛、全面而严格的科学和技术论证后，中共中央、国务院批准了《高技术研究发展计划纲要》，这个高技术研究发展计划后来被称为“863”计划。从此，我国的高技术研究发展进入了一个新阶段。

一、重要文件

1986年3月10日，财政部发布《关于国营工业企业试行以税代利的几项规定》。

1986年3月19日，《中华人民共和国矿产资源法》公布。

1986年3月20日，国务院科技领导小组转发了国家科委《关于明确技术成果转让的政策界限的请示》，《请示》的发布，稳定了当时的民办科研机构队伍。

1986年3月23日，国务院发布《关于进一步推动横向经济联合若干问题的规定》。同年3月29日，中国人民银行制定《关于搞好资金融通支持横向经济联合的暂行办法》，财政部发布《关于促进横向经济联合若干税收问题的暂行办法》。

1986年3月25日，六届全国人大四次会议举行。会议批准了国务院制定的中国国民经济和社会发展“七五”计划。会议通过了《中华人民共和国民法通则》《中华人民共和国义务教育法》《中华人民共和国外资企业法》。

1986 年 3 月 28 日，中共中央、国务院发出通知，批转农牧渔业部《关于农垦经济体制改革问题的报告》。

二、重大事件

1986 年 3 月 3 日，王大珩等四位科学家上书中央，提出发展高技术的建议。

1986 年 3 月 3 日，我国第一家中外合资银行——厦门国际银行正式成立。

1986 年 3 月 10 日，我国正式成为亚洲开发银行成员。

1986 年 3 月 10—16 日，国务院在北京召开第一次全国城市经济体制改革工作会议。会议要求，1986 年的城市经济体制改革要贯彻巩固、消化、补充、改善的方针，搞活和开拓市场，加强和完善市场管理，加强和改善宏观控制，把发展横向经济联合作为一项重要工作。对已经出现的企业群体和企业集团这一新事物，要因势利导，解决我国企业组织结构不合理的问题。

1986 年 3 月 19 日，温州市乐清县政府取缔非法“抬会”。

1986 年 3 月 22 日，中国投资咨询公司在北京成立。

三、重要论述

《吉林财贸学院学报》(1986 年第 1 期) 刊发陈耀先的《对我国金融体制改革的探讨》。文章认为，金融体制改革必须适应整个经济体制改革的需要，并提出改革中的四个转变。一是必须从产品经济思想转变为商品经济思想，从商品经济出发来思考、设计我国金融体制及其调节经济的模式；二是必须从供给分配的思想转变为调剂融通的思想，在调剂融通中，发挥间接控制的效力，增强企业活力；三是必须转变重贷轻存的思想，重视存款，增强银行的独立经营能力；四是必须从垄断的思想转变为多种信用形式、多种融资渠道、多家银行业务相互交叉的思想，逐步形成我国的金融市场。

四、重要数据

1986 年 3 月 25 日，“六五”期间，中国工农业总产值年均增长 11%，国民生产总值年均增长 10%，进出口贸易总额达 2300 亿美元，消费品除粮、油外已基本取消票证，敞开供应。

五、作者观点

【“863”计划诞生】 1980年以来，世界科学技术迅速发展，对人类产生了巨大的影响，促使经济、社会、文化、政治、军事等各方面的深刻变革。许多国家为了在国际竞争中赢得先机，都把发展高技术列为国家发展战略的重要组成部分，不惜花费巨额投资，组织大量的人力与物力。1983年美国提出的“战略防御倡议”（即星战计划）、欧洲尤里卡计划、日本的今后十年科学技术振兴政策等，对世界高技术大发展产生了很大的影响。1986年3月，王大珩等四位科学家联合向中央写了一封信，题为《关于跟踪研究外国战略性高技术发展的建议》。这封信得到了中央领导的高度重视。邓小平在这份建议上批示：“此事宜速作决断，不可拖延”。在随后的半年中，经过广泛、全面而严格的科学和技术论证后，中共中央、国务院批准了《高技术研究发展计划纲要》（以下简称《纲要》）。《纲要》提出将生物技术、航天技术、信息技术、先进防御技术、自动化技术、能源技术和新材料七个领域中的15个主题项目作为我国今后发展高技术的重点。这个高技术研究发展计划后被称为“863”计划。从此，我国的高技术研究发展进入了一个新阶段。

参考文献

[1]人民日报图文数据库(1946—2018)。

[2]王振川. 中国改革开放新时期年鉴(1986)[M]. 北京：中国民主法制出版社，2015：147－257.

[3]中共中央政策研究室. 中华人民共和国大事记(1949—2009)[M]. 北京：人民出版社，2009：381.

[4]吴晓灵. 中国金融改革大事记[M]. 北京：中国金融出版社，2008：110－112.

[5]中央财经领导小组办公室. 中国经济发展五十年大事记(1949.10—1999.10)[M]. 北京：人民出版社，1999：385.

[6]中国共产党大事记·1986年[EB/OL]. 中国共产党新闻网，http://

cpc. people. com. cn/GB/64162/64164/4416136. html.

[7]吴敬琏．当代中国经济改革[M]．上海:上海远东出版社,2003:72.

[8]柳红．八〇年代:中国经济学人的光荣与梦想[M]．桂林:广西师范大学出版社,2010:488.

[9]贾康,刘薇．构建现代治理基础——中国财税体制改革40年[M]．广州:广东经济出版社,2017:355.

[10]张宏:关于八六三计划的回忆[EB/OL]．科学网,http://news. sciencenet. cn/htmlnews/2017/2/367302. shtm.

[11]胡海棠．国家高技术研究发展计划(八六三计划)宏观管理模式探讨[J]．数量经济技术经济研究,1990(9):17 -22.

[12]朱丽兰．关于八六三计划的制定和组织实施[J]．中国科技论坛,1990(10):21 -24.

[13]陈耀先．对我国金融体制改革的探讨[N]．吉林财贸学院学报,1986(1):28 -32.

[14]李佐军．中国改革新思维——改出一个"人本市场经济"[M]．北京:电子工业出版社,2013:48.

推动劳动制度重大改革
（1986.04）

1986年4月，中共中央、国务院发布《关于认真执行改革劳动制度几个规定的通知》。这是我国新中国成立以来劳动制度的重大改革，关系到社会主义经济建设和全体人民的根本利益。

一、重要文件

1986年4月7日，国务院发出通知，转发国家计委、国家经委、财政部、中国人民银行、铁道部联合发布的《关于铁道部实行经济承包责任制的方案》（以下简称《方案》）。《方案》提出，对铁道部实行投入产出、以路建路经济承包责任制，从1986年开始，一包五年不变。

1986年4月12日，六届人大四次会议通过《中华人民共和国义务教育法》《中华人民共和国民法通则》《中华人民共和国外资企业法》。

1986年4月13日，国务院发布《关于加强预算外资金管理的通知》。

1986年4月21日，国务院发布《中华人民共和国税收征收管理暂行条例》。

1986年4月26日，中国人民银行发布《金融信托投资机构管理暂行规定》。

二、重大事件

1986年4月7日，中共中央书记处听取财政部党组关于税收工作的汇报并作了重要指示。

1986年4月24日，国务院批准成立“全国儿童计划免疫协调小组”。此后，我国儿童计划免疫工作开始进行。

1986年4月24日，国务院办公厅就各部门给本系统配置业务用小汽车问题发出通知，要求从严控制，减轻地方财政负担。

1986年4月27日，国家经委召开第四次企业管理现代化座谈会，要求“七五”期间大力推行企业管理现代化和企业改革。

1986年4月，国务院成立经济体制改革方案领导小组，其任务是研究制定1987年和1988年的改革方案与主要措施，制定“七五”前期的配套改制方案。该小组下面设立办公室（“方案办”），“方案办”拟定了以价格、税收、财政、金融和贸易为重点的整体配套的改革方案。这套方案在1986年8月得到了国务院和中共中央财经领导小组的批准，准备在1987年开始执行。

三、重要论述

《经济研究》（1986年第3期）刊发了华生、何家成等的《微观经济基础的重新构造——再论中国进一步改革的问题和思路》。文章提出，人们最初认识经济体制改革问题，往往是从看到传统经济运行模式的缺陷开始的，然而随着改革的深化，所有制基础变革的必要性就不以人的意志为转移地被提了出来。

1986年4月8日，李鹏在华盛顿召开的24国集团第三十四次部长级会议上表示，中国支持24国集团关于解决债务危机和要求尽快改革国际货币体制的立场。

1986年4月19日，邓小平在会见包玉刚、王宽诚、霍英东、李兆基等香港知名人士时指出，“教育是一个民族最根本的事业”。“四化”建设的实现要靠知识、靠人才。

1986年4月末，厉以宁在北京大学办公楼礼堂做了以“改革的基本思路”为主题的报告。报告指出，中国经济改革的失败可能是由于价格改革的失败，中国经济改革的成功必须取决于所有制改革的成功，也就是企业改革的成功。报告还指出，企业改革的目标模式就是股份制。至此，厉以宁提出,他已经不再把股份制仅仅看成是集资和扩大就业的方式,而是把股份制的实行看成是推进中国市场化改革的必要条件,认为只有通过股份制改革才能重新构造市场经济的微观基础,才能完成市场化改革。尽管价格改革是必不可少的,但是,价格的放开将伴随市场化改革而逐渐推进,价格的市场化是整体经济体制改革的最终结果,而不是经济体制改革的出发点。

四、重要数据

1986 年 4 月 20 日,农牧渔业部总结了"六五"期间国家和地方联合投资建设 60 个商品粮基地县的经验,根据现有的基础和发展潜力,选择建设 113 个优质农产品商品生产基地。

五、作者观点

【推动劳动制度重大改革】 劳动制度的改革,涉及广大群众的切身利益,牵涉面广、政策性强、工作难度大。改革开放后,我国对高度集中的计划经济体制进行改革,必然也要求对与这种体制相适应的固定工制度进行改革。1981 年中共中央 42 号文件明确指出,要实行合同工、临时工、固定工等多种形式的用工制度,逐步做到人员能进能出。在经过系列改革试点之后,1986 年 4 月,中共中央、国务院发布《关于认真执行改革劳动制度几个规定的通知》(以下简称《通知》)。这是新中国成立以来劳动制度的重大改革,关系到社会主义经济建设和全体人民的根本利益。该《通知》主要涉及四个方面的规定:按照《国营企业实行劳动合同制暂行规定》,在新招工人中普遍推行劳动合同制;按照《国营企业招用工人暂行规定》,实行面向社会择优录用的招工制度,废除"子女顶替"和"内招"职工子女的办法;按照《国营企业辞退违纪职工暂行规定》,赋予企业辞退违纪职工的权力;按照《国营企业职工待业保险暂行规定》,建立失业保险制度(当时称待业保险)。这几项暂行规定的实施,将有助于消除现行劳动制度中包得过多、统得过死、能进不能出的弊端,逐步建立起一套能够适应社会主义商品经济发展要求的新型劳动制度,以利于激励广大职工的主人翁责任感和生产积极性,进一步改进企业管理,加强劳动纪律,提高职工素质,增强企业活力,推动生产的发展。同年7月，国务院正式下发《国务院关于发布改革劳动制度四个规定的通知》，正式启动了中华人民共和国成立以来劳动用工制度的一次重大改革。

参考文献

[1]人民日报图文数据库(1946—2018)。

[2]王振川．中国改革开放新时期年鉴(1986)[M]．北京：中国民主法制出版社，2015：258－377.

[3]中共中央政策研究室．中华人民共和国大事记(1949—2009)[M]．北京：人民出版社，2009：381－382.

[4]吴晓灵．中国金融改革大事记[M]．北京：中国金融出版社，2008：112－114.

[5]黄孟复．中国民营经济史·大事记[M]．北京：社会科学文献出版社，2009：179.

[6]中央财经领导小组办公室．中国经济发展五十年大事记(1949.10—1999.10)[M]．北京：人民出版社，1999：386－387.

[7]中国共产党大事记·1986年[EB/OL]．中国共产党新闻网，http://cpc.people.com.cn/GB/64162/64164/4416136.html.

[8]李晓西．绿色抉择：中国环保体制改革与绿色发展40年[M]．广州：广东经济出版社，2017：544－545.

[9]贾康，刘薇．构建现代治理基础——中国财税体制改革40年[M]．广州：广东经济出版社，2017：332，356.

[10]隆国强．构建开放型经济新体制：中国对外开放40年[M]．广州：广东经济出版社，2018：5.

[11]宋晓梧．构建共享型社会——中国社会体制改革40年[M]．广州：广东经济出版社，2017：84－91.

[12]厉以宁．大变局与新动力——中国经济下一程[M]．北京：中信出版集团，2017：13，27.

[13]吴敬琏．当代中国经济改革[M]．上海：上海远东出版社，2003：73－75.

[14]吴敬琏,马国川．中国经济改革二十讲[M]．北京:生活·读书·新知三联书店,2012:114－115.

[15]华生,何家成,张学军,罗小朋,边勇壮．微观经济基础的重新构造——再论中国进一步改革的问题和思路[J]．经济研究,1986(3):22－29.

[16]李佐军．中国改革新思维——改出一个“人本市场经济”[M]．北京:电子工业出版社,2013:48－49.

我国环渤海经济区成立
(1986.05)

1986 年 5 月,14 个环渤海市(地区)市长联席会议在天津召开,确定建立环渤海经济区。这是我国区域经济发展战略转变促成的结果。环渤海经济区的成立,冲击了过去封闭的市场和“条块”分割的体制,促进了这一区域经济的发展。

一、重要文件

1986 年 5 月 3 日,国务院发布《税收征收管理暂行条例》。

1986 年 5 月 9 日,国务院发布《关于扩大科学技术研究机构自主权的暂行规定》。

1986 年 5 月 24 日,国务院办公厅发布《关于发布 12 个领域技术政策要点的通知》。这是国内颁布的第一批科技政策蓝皮书。

1986 年 5 月 30 日,国务院批转《关于 1986 年商业体制改革几个问题的报告》(以下简称《报告》)。《报告》指出,目前商业流通渠道不适应商品经济发展的新要求,必须进一步进行改革。要广泛发展商业领域的横向经济联合;进一步搞活国营大中型商业企业;继续开放国营小商业企业;加强对市场商品流通的宏观调节和管理;进一步简政放权。

1986 年 5 月 31 日,国家经委、国家计委和国家统计局联合发布《建立定期监测宏观经济活动制度的暂行办法》。

二、重大事件

1986年5月13日，全国大中城市“商联会”成立。

1986年5月14日，国务院贫困地区经济开发领导小组成立。小组第一次全体会议提出，争取在“七五”期间解决大多数贫困地区人民的温饱问题，并提出了贫困地区实行新的经济开发方式的十点意见。

1986年5月15—20日，国家体改委和劳动人事部召开中等城市机构改革试点工作座谈会。会议指出，中等城市机构改革试点将为全国机构改革探索道路。

1986年5月25日，中国城市经济学会成立。

1986年5月26—29日，14个环渤海市（地区）市长联席会议在天津召开，确定建立环渤海经济区。

1986年5月31日，《人民日报》报道，中国—欧洲经济技术合作组织成立。

三、重要论述

《汉江论坛》（1986年第6期）刊发张培刚的《浅谈宏观控制及其与微观搞活的关系》。文章认为，改革中出现些小问题是翻不了船的。运用市场调节，要求有完善的市场体系和合理的价格体系，这是我们改革的重点所在。目前，我国在很多方面仍在以计划控制为主，经济杠杆所起的作用不大。

《科技导报》（1986年第4期）刊发董辅礽的《温州农村发展非农业的问题》。文章认为，中国农业在实行联产承包责任制以后，正在兴起另一场意义同样深远的变革，即农村非农产业的迅速发展，以及与此相随的农村商品经济的迅速发展。要实现农村的现代化，必须解决一个很大的难题，这就是使大量过剩的农业劳动力转移到非农产业。发展农村非农产业主要有两种模式：一种是公有制企业的模式，即“苏南模式”；另一种是农民私有制（个体或合资）企业的模式，即“温州模式”。

1986年5月10日，邓小平谈两个“翻番”。中顾委主任邓小平在北京会见加拿大总理布赖恩·马尔罗尼时说,现在看来,到1998年可能实现工农业年总产值在1980年的基础翻一番,为到20世纪末再翻番打下基础。他说,第一个翻番的实现靠对外开放和对内搞活,靠农村改革的成功。第二个翻番要靠城市改革的成功。现在进行的城市体制改革,实际上是全面的体制改革,还包括教育、科学等。“七五”计划不追求过高的发展速度,主要目标是实现城市体制改革,现在看来,势头不错。

四、重要数据

1986年5月9日,据《人民日报》报道,首届国家科技进步奖1761项,累计取得经济效益1100多亿元。

1986年5月13日,据《人民日报》报道,城镇居民储蓄突破1000亿元。

五、作者观点

【我国环渤海经济区成立】 经济区是指以城市为经济中心,以专门化生产为主体,将自然条件、经济发展方向大体一致的行政区组合在一起所形成的地域。20世纪70年代末之前,我国实行的是区域经济平衡发展战略,以生产力的均衡配置消灭地区之间的差别,实践证明其效果并不理想。党的十一届三中全会以后,中央实行新的区域经济发展战略。这是一种不均衡的突出重点的发展战略。国内各地区的发展机会不是均等的,使条件优越的地区先行发展,以起到全国经济发展的“火车头”作用,最终目的在于实现全国各地的普遍发展。环渤海地区是我国北方经济最活跃的地区,属于东北、西北、华北的接合部,国家的区域经济发展战略转变促进了环渤海地区经济区的形成。1986年5月,14个环渤海市(地区)市长联席会议确定建立环渤海经济区。这14个市(地区)分别是:丹东、大连、营口、盘锦、锦州、秦皇岛、唐山、天津、沧州地区、惠民地区、东营、潍坊、烟台、青岛。随后,环渤海经济区利用自身较为便捷的交通、较好的工业基础、良好的科技教育、丰富的自然资源、密集的骨干城市群五大优势,开展了多方面、多层次、多种形式的经济联合,在人才培训、技术市场、经济信息、商品物资、金融融通、旅游交通、电台广播、理论研究八个方面建立了区域性协作网络。环渤海经济区的成立，冲击了过去封闭的市场和"条块"分割的体制，促进了这一区域经济的发展。

参考文献

[1]人民日报图文数据库(1946—2018)。

[2]王振川．中国改革开放新时期年鉴(1986)[M]．北京:中国民主法制出版社,2015:378－445.

[3]中共中央政策研究室．中华人民共和国大事记(1949—2009)[M]．北京:人民出版社,2009:382－383.

[4]吴晓灵．中国金融改革大事记[M]．北京:中国金融出版社,2008:114－115.

[5]黄孟复．中国民营经济史·大事记[M]．北京:社会科学文献出版社,2009:179.

[6]中央财经领导小组办公室．中国经济发展五十年大事记(1949.10—1999.10)[M]．北京:人民出版社,1999:387.

[7]中国共产党大事记·1986年[EB/OL]．中国共产党新闻网,http://cpc.people.com.cn/GB/64162/64164/4416136.html.

[8]魏礼群．建设服务型政府:中国行政体制改革40年[M]．广州:广东经济出版社,2017:31.

[9]贾康,刘薇．构建现代治理基础——中国财税体制改革40年[M]．广州:广东经济出版社,2017:354.

[10]李明扬．环渤海地区区域经济发展对策研究[J]．经济研究导刊,2008(10):184－185,210.

[11]赵杰．简说环渤海经济区形成的依据及发展战略[J]．商业经济研究,1994(6):23－25.

[12]时光．环渤海经济区横向联合的情况与问题[J]．城市问题,1987(12):36－39.

[13]张培刚．浅谈宏观控制及其与微观搞活的关系[J]．汉江论坛,1986(6):3－4.

[14]董辅礽．温州农村发展非农业的问题[J]．科技导报,1986(4):18－22.

[15]李佐军．中国改革新思维——改出一个“人本市场经济”[M]．北京:电子工业出版社,2013:48－49.

政治体制改革是改革的重要组成部分
(1986.06)

1986年6月,邓小平在中央政治局常委会上就法制建设和政治体制改革问题发表了重要讲话。这次讲话是邓小平对民主法制建设和政治体制改革问题较早的一次谈话,对中共中央不久成立政治体制改革研讨小组,以及由此形成政治体制改革的总体设想,具有重要推动作用。

一、重要文件

1986年6月4日,国务院发布《合理化建议和技术改进奖励条例》。

1986年6月10日,国务院办公厅转发《国务院贫困地区经济开发领导小组第一次全体会议纪要》。

1986年6月20日,王丙乾在六届人大十六次会议上作关于1985年国家决算的报告。

1986年6月25日,六届人大十六次会议通过《中华人民共和国土地管理法》,自1987年1月1日起实施。

1986年6月30日,财政部发布《关于对原油、天然气实行从量定额征收资源税和调整原油产品税税率的通知》。

1986年6月30日,国家外汇管理局发布《关于金融机构经营外汇业务审批权限和程序的规定》。

二、重大事件

1986 年 6 月 2 日，国务院决定，将船舶吨税划归交通部管理，由海关代交通部征收。

1986 年 6 月 23 日，中国科学技术协会第三次全国代表大会在北京举行。

1986 年 6 月 30 日，财政部就农业税减免的若干问题发出通知。

三、重要论述

《中国社会科学院研究生学报》(1986 年第 3 期）刊发刘国光的《中国社会主义经济的两大变动》。文章提出，十一届三中全会以来，特别是“六五”时期，我国经济经历了深刻变化：一是经济发展战略的转变，就是要使速度、比例和效益有一个较好的结合，以保证国民经济能够持续、稳定、协调、高效地增长。二是经济管理体制的改革，就是围绕增强企业的经营动力和竞争压力，把微观经济搞活，把宏观经济控住。这样既能充分调动企业和生产者的积极性，又能根治数量扩张、投资饥渴这样一些旧体制固有的毛病，有利于微观经济效益的提高和宏观供需总量的调整，保证我国经济的健康发展。

《财贸经济》(1986 年第 6 期）刊发吴敬琏的《经济波动和双重体制》。文章认为，我国经济的发展，长期受到能源、交通、原材料等短线的制约，结构失调和短线制约是问题的本质。以行政命令为主要手段的管理体制，既抑制企业的活力，又刺激企业争投资等投入，造成“投资饥渴”和“消费饥渴”。这种疾病，只有在新体制确立以后，形成作为独立商品生产者的企业对投资和消费的自我抑制机制时，才有可能根除。而在双重体制对峙的情况下，旧的行政控制手段已经不能起强有力的作用，而新控制机制又还没有全面建立，于是，“投资饥渴”和“消费饥渴”不但不会缓解，相反还会进一步加剧。

四、重要数据

1986 年 6 月 14 日，1985 年，农村出售的工业品总额（1751 亿元）首次超过农副产品（1680 亿元）。

1986 年 6 月 27 日,《人民日报》报道,全国城市数为 324 个,总户数为 5351 万户,总人口 21187 万人。

五、作者观点

【政治体制改革是改革的重要组成部分】 经济体制的改革必然引起社会结构的变化,这种变化也必然要求政治、文化等上层建筑发生与之相适应的变化。我国经济增长潜力的每一次释放,都离不开政治体制上的改革;而政治体制上每一项重大进展,都会带来生产力的一次解放。从 1986 年开始,将"政治体制改革提到日程上来"成为中央领导层多次强调的话题。6 月 10 日,邓小平在与中央领导开会时谈了三个需要处理的重要问题:一是农业,主要是粮食问题;二是外汇问题;三是政治体制改革问题。这是 1980 年以来他第一次谈到政治体制改革。6 月 28 日,邓小平在中共中央政治局常委会上指出,政治体制改革同经济体制改革应该相互依赖、相互配合。

参考文献

[1]人民日报图文数据库(1946—2018)。

[2]王振川. 中国改革开放新时期年鉴(1986)[M]. 北京:中国民主法制出版社,2015:446 – 519.

[3]中共中央政策研究室. 中华人民共和国大事记(1949—2009)[M]. 北京:人民出版社,2009:383 – 384.

[4]吴晓灵. 中国金融改革大事记[M]. 北京:中国金融出版社,2008:115.

[5]中央财经领导小组办公室. 中国经济发展五十年大事记(1949. 10—1999. 10)[M]. 北京:人民出版社,1999:387 – 388.

[6]中国共产党大事记·1986 年[EB/OL]. 中国共产党新闻网,http://cpc. people. com. cn/GB/64162/64164/4416136. html.

[7]傅高义. 邓小平时代[M]. 北京:生活·读书·新知三联书店,2013:545.

[8]吴敬琏,马国川. 中国经济改革二十讲[M]. 北京:生活·读书·新知三联书店,2012:215.

[9]刘国光. 中国社会主义经济的两大变动[J]. 中国社会科学院研究生学报,1986(3):14-21.

[10]吴敬琏. 当代中国经济改革[M]. 上海:上海远东出版社,2003:53.

[11]6月28日邓小平论社会主义法制和政治体制改革[EB/OL]. 人民网,http://www.people.com.cn/GB/shizheng/252/4971/5579/20010628/498819.html.

[12]吴敬琏. 经济波动和双重体制[J]. 财贸经济,1986(6):3-10.

[13]李佐军. 中国改革新思维——改出一个"人本市场经济"[M]. 北京:电子工业出版社,2013:49.

第一部注册会计师行业管理行政法规诞生
（1986.07）

1986年7月，国务院颁布的《中华人民共和国注册会计师条例》成为我国第一部注册会计师行业管理行政法规，为全面推进注册会计师行业的建设与管理，大力发展注册会计师事业奠定了基础。

一、重要文件

1986年7月4日，中央军委决定，解放军实行军士制度。

1986年7月4日，国务院发布《关于加强工业企业管理若干问题的决定》。

1986年7月9日，国务院发布《关于促进科技人员合理流动的通知》，要求各地领带机关为人才合理流动创造条件。

1986年7月9日，国务院发布《关于控制固定资产投资规模的若干规定》。

1986年7月12日，国务院发布《关于发布改革劳动制度四个规定的通知》。

1986年7月24日，国务院发布《关于重新组建交通银行的通知》。

二、重大事件

1986年7月11日，中国政府向世界关税及贸易总协定总干事提交关于恢复中国在关贸总协定缔约国地位的申请，并准备就此问题同关贸总协定缔约各方进行谈判。

1986 年 7 月 25 日，国务院有关部门对 1949—1984 年期间，经国务院（含政务院）发布或者批准发布的财政、金融、商业、审计、物价和工商行政管理方面的行政法规和法规性文件，进行了清理。

1986 年 7 月 25 日，由中国内地、中国香港、日本、美国等国家和地区的五家金融机构共同组建的中国第一家中外合资跨国性非银行金融企业——中国国际财务有限公司在深圳成立。

三、重要论述

《广州市财贸管理干部学院学报》（1986 年第 2 期）刊发张卓元的《价格改革要在保持市场物价基本稳定的条件下进行》。文章提出四点价格改革意见：一是价格体系改革是否必然带来高物价上涨率；二是控制社会总需求和货币供应量，以控制物价总水平；三是价格形成目标模式的选择要有利于保持物价的基本稳定；四是采取调放结合的方针，对价格进行结构性调整。

《国营农场经济研究资料》（1986 年第 Z1 期）刊发杜润生的《关于当前农村发展研究的重点课题》。文章提出，当前农村发展研究的四个重点课题：一是研究农业在国民经济中的地位问题；二是研究加强农业资源利用和保护；三是研究规模经营和所有制结构；四是研究通过完善市场关系，提高经济效益。

《瞭望周刊》（1986 年第 33 期）刊发高尚全的《深入推进改革促使新体制发挥主导作用》。文章阐释了发展商品经济的重要性，强调必须进一步发展有计划的商品经济。

《财贸经济》（1985 年第 7 期）刊发黄达的《关于控制货币供给量问题的探讨》。文章提出，财政要实现宏观控制，必须编制综合财政计划，研究社会总财力运用情况，及时观察和掌握国民经济总资金流向，以及使用上的比例状况，以便及时地运用财政杠杆进行调节，维持宏观经济的平衡。

四、重要数据

1986 年 7 月 9 日，国务院批准国家级森林和野生动物类型自然保护区达 20 个。

五、作者观点

【第一部注册会计师行业管理行政法规诞生】 随着1956年社会主义改造的完成,计划经济体制的建立,注册会计师行业一度中断发展。党的十一届三中全会以来,为了适应改革开放新形势的需要,1980年12月,财政部发布《关于成立会计顾问处的暂行规定》,我国注册会计师制度开始恢复重建。1986年7月,国务院颁布《中华人民共和国注册会计师条例》(以下简称《条例》),《条例》规定,注册会计师是经国家批准执行会计查账验证业务和会计咨询业务的人员,注册会计师依法独立执行业务,受国家法律保护。该《条例》成为我国第一部规范注册会计师行业管理的行政法规,确立了注册会计师行业在改革开放和经济建设中的法律地位。之后,中国注册会计师协会的成立,以及《注册会计师法》的诞生,都是依据该《条例》产生的,这个改革措施为全面推进我国注册会计师行业建设与管理,大力发展注册会计师事业,奠定了重要基础。经济越发展,会计越重要,随着改革开放的深入,注册会计师越来越成为我国经济建设和社会监督体系的重要组成部分,在维护市场经济秩序、社会公众利益等方面,特别是在国有企业改革,以及后来证券市场的发展和完善等方面,发挥着日益重要的作用。

参考文献

[1]人民日报图文数据库(1946—2018)。

[2]王振川．中国改革开放新时期年鉴(1986)[M]．北京:中国民主法制出版社,2015:520－561.

[3]中共中央政策研究室．中华人民共和国大事记(1949—2009)[M]．北京:人民出版社,2009:383－384.

[4]吴晓灵．中国金融改革大事记[M]．北京:中国金融出版社,2008:116.

[5]中央财经领导小组办公室．中国经济发展五十年大事记(1949.10—1999.10)[M]．北京:人民出版社,1999:388.

[6]中国共产党大事记·1986年[EB/OL]．中国共产党新闻网,http://

cpc. people. com. cn/GB/64162/64164/4416136. html.

[7]贾康,刘薇. 构建现代治理基础——中国财税体制改革40年[M]. 广州:广东经济出版社,2017:326,333.

[8]张卓元. 价格改革要在保持市场物价基本稳定的条件下进行[J]. 广州市财贸管理干部学院学报,1986(2):4-11.

[9]杜润生. 关于当前农村发展研究的重点课题[J]. 国营农场经济研究资料,1986(Z1):3-5.

[10]高尚全. 深入推进改革促使新体制发挥主导作用[J]. 瞭望周刊,1986(33):3,14-18.

[11]黄达. 关于控制货币供给量问题的探讨[J]. 财贸经济,1985(7):3-10.

[12]李佐军. 中国改革新思维——改出一个"人本市场经济"[M]. 北京:电子工业出版社,2013:49.

第一个经济体制配套改革框架性方案诞生（1986.08）

1986 年 8 月，国务院经济体制改革方案领导小组起草的《1987 年经济体制改革实施方案》获得中共中央财经领导小组和国务院常务会议批准，这是我国经济体制配套改革的第一个框架性方案，开了改革总体设计的先河。此外，8 月还推出了一系列重要法规和改革举措，例如，《中外合资经营企业财务管理规定》《关于加强粮食企业扭亏增盈工作的意见》《关于进一步加强财政科研工作的通知》等。

一、重要文件

1986 年 8 月 5 日，财政部发布《中华人民共和国中外合资经营企业财务管理规定》。

1986 年 8 月 19 日，财政部发布《关于加强粮食企业扭亏增盈工作的意见》。

1986 年 8 月 26 日，财政部发布《关于进一步加强财政科研工作的通知》。

二、重大事件

1986 年 8 月 3 日，沈阳防爆器械厂宣告破产，这是新中国成立以后第一家正式宣告破产的国营企业。

1986 年 8 月 10 日，新华社报道，北京试办全国第一家商业股份公司——天桥百货股份公司。

1986 年 8 月 21 日，北京大学新技术公司成立，由北京大学科技研发部主办，投资 30 万元。北京大学新技术公司是北大方正集团的前身。

1986 年 8 月 27 日，我国首家民营金融企业——上海爱建金融信托投资公司正式成立。这家经中国人民银行和国家外汇管理局分别批准经营金融和外汇业务的企业，是由上海市工商界爱国建设公司投资创办的。

1986 年 8 月，《1987 年经济体制改革实施方案》得到国务院和中央财经领导小组的批准。

三、重要论述

《城市问题》(1986 年第 4 期) 刊发马洪的《略论中心城市的重要地位和功能作用》。文章认为，中心城市在国民经济发展中占有极其重要的地位。要充分认识中心城市的功能作用。搞好经济体制改革，把中心城市的功能作用充分发挥出来：一要增强企业活力；二要实行放权和开放政策；三要建立和发展以中心城市为依托的经济区；四要发展横向经济联合；五要开辟多种市场；六要扩大中心城市的管理权限；七要提高中心城市的素质；八要制定中心城市的发展战略。

《求索》(1986 年第 4 期) 刊发厉以宁的《经济增长与社会发展中的二元机制》。文章认为，在社会主义经济增长和社会发展中，市场调节与政府调节是并存的，这被称为社会主义经济中的二元机制。二元机制的存在与社会主义经济的特征有关。由于社会主义经济是商品经济，因此，不可避免地存在着市场的自行调节，而市场机制又有着种种局限性，所以政府调节十分必要。这就是说，在社会主义经济中，一方面，市场机制不应当唯一存在和唯一起作用；另一方面，政府调节应当考虑到市场上自发形成的各种不同价格的水平和变动趋势，并以此作为制定调节措施时的出发点，即政府调节不可能离开市场机制来发挥自己应有的作用。政府调节作用与市场机制作用有机地结合在一起，任何一方都不能替代另一方。

《农村经济丛刊》(1986 年第 4 期) 刊发杜润生的《农村发展研究的几个问题——杜润生同志 1986 年 4 月 9 日在国务院农村发展研究中心发展研究所成立会上的讲话(摘要)》。文章提出，我们这个时期要集中解决改革问题，改革是为发展创造条件。通过这几年的观察，要解决三大问题：一是如何把国家的控制机制与市场调节机制结合好的问题;二是工农业相互促进,并以此为基础建立新的城乡关系的问题;三是农村生产方式的多样化的问题。

四、重要数据

1986 年 8 月 4 日,新华社讯,十一届三中全会以来,在城镇安排了 5500 多万人就业,城镇待业率已减少到 1.8%。

1986 年 8 月 28 日,据《人民日报》报道,全国已有沈阳、武汉、重庆、太原四个城市 11 家企业试行破产制度。

五、作者观点

【第一个经济体制配套改革框架性方案诞生】 1986 年是“七五”计划的第一年,也是我国改革的关键时期。1986 年 3 月,中央提出,1987 年改革要从价格、税收和财政三个方面去设计和研究。为了按照这一思路进行改革的总体规划和方案设计,1986 年 4 月,国务院经济体制改革方案领导小组成立,负责制定 1987 年和 1988 年的改革方案和主要措施,制定“七五”前期的配套改革方案,该小组下设办公室(即“方案办”),办公室下设财税、外贸、金融、企业等组。1986 年 4—6 月,经过与有关部门的反复磋商,方案办起草了一套以价格、税收、财政、金融和贸易为重点的整体配套改革方案——《1987 年经济体制改革实施方案》,这是我国经济体制配套改革的第一个框架性方案。这个方案经修改补充后,在 1986 年 8 月,得到中共中央财经领导小组和国务院常务会议批准。这个方案开了改革总体设计的先河。

参考文献

[1]人民日报图文数据库(1946—2018)。

[2]王振川. 中国改革开放新时期年鉴(1986)[M]. 北京:中国民主法制出版社,2015:562 - 591.

[3]中共中央政策研究室. 中华人民共和国大事记(1949—2009)[M]. 北京:人民出版社,2009:384 - 385.

[4]黄孟复．中国民营经济史·大事记[M]．北京:社会科学文献出版社,2009:179.

[5]吴晓灵．中国金融改革大事记[M]．北京:中国金融出版社,2008:116.

[6]中央财经领导小组办公室．中国经济发展五十年大事记(1949.10—1999.10)[M]．北京:人民出版社,1999:388.

[7]吴敬琏,马国川．中国经济改革二十讲[M]．北京:生活·读书·新知三联书店,2012:115,129.

[8]柳红．八〇年代:中国经济学人的光荣与梦想[M]．桂林:广西师范大学出版社,2010:224.

[9]马洪．略论中心城市的重要地位和功能作用[J]．城市问题,1986(4):4－11.

[10]厉以宁．经济增长与社会发展中的二元机制[J]．求索,1986(4):5－12,27.

[11]杜润生．农村发展研究的几个问题——杜润生同志1986年4月9日在国务院农村发展研究中心发展研究所成立会上的讲话(摘要)[J]．农村经济丛刊,1986(4):5－6.

[12]李佐军．中国改革新思维——改出一个“人本市场经济”[M]．北京:电子工业出版社,2013:50－51.

第一个证券交易柜台诞生
（1986.09）

1986 年 9 月，对于中国资本市场来说是一个重要的日子，中国第一个证券交易柜台——上海静安证券业务部开张，标志着新中国从此有了股票交易，由此拉开了我国证券流通的序幕，为我国证券交易所最终成立奠定了基础。

一、重要文件

1986 年 9 月 5 日，《中华人民共和国外交特权与豁免条例》公布。

1986 年 9 月 15 日，中共中央、国务院颁发了《全民所有制工业企业厂长工作条例》《中国共产党全民所有制工业企业基层组织工作条例》《全民所有制工业企业职工代表大会条例》，并指出，改革企业的领导体制，是城市经济体制改革的一个重要组成部分。

1986 年 9 月 15 日，国务院发布《中华人民共和国房产税暂行条例》《中华人民共和国车船使用税暂行条例》。

1986 年 9 月 25 日，国务院发布《个人收入调节税暂行条例》。

1986 年 9 月 26 日，中共中央、国务院发布《关于加强农村基层政权建设工作的通知》，并指出，各地要进一步理顺农村党组织、政府、企业之间的关系。

1986 年 9 月 28 日，中共十二届六中全会通过《中共中央关于社会主义精神文明建设指导方针的决议》。

二、重大事件

1986年9月18日，中共中央成立政治体制改革研讨小组。

1986年9月25日，沈阳防爆器械厂被整体拍卖。

1986年9月30日，国家环境保护局首次发布环境统计数据——1985年环境统计公报，决定今后每年公布一次。

三、重要论述

《经济研究》(1986年第9期)刊发李振宁的《科尔奈经济思想的精华》。文章提出，用放松对劳动力流动的限制，以及普遍征收累进个人所得税、高征遗产税等生产领域之外的收入再分配措施，取代目前在企业层次上拉平个人收入差距的种种措施，缩小个人之间收入差距，贯彻公平原则，可能是协调效率与公平之间矛盾的一条途径。

《经济研究》(1986年第9期)刊发赵人伟的《我国经济改革过程中的双重体制问题》。文章认为，直接控制手段的逐步减少和间接控制手段的逐步增加应该彼此衔接；通过放、调结合的措施来促进新旧体制的此长彼消；努力创造一个总需求和总供给基本适应的经济环境，以减轻双重体制之间的摩擦。

《经济研究》(1986年第9期)刊发宋养琰和王海东的《所有制：经济改革的困难与出路》。文章认为，所有制改革是经济改革中最困难的问题，只有在所有制改革上寻求突破，才是经济改革的唯一出路。我国经济改革的一个突出问题是改革目标不配套，具体表现：一是经济参数不合理制约着运行机制的转换；二是市场体系未形成，制约着经济参数的理顺；三是所有制改革进展缓慢制约着市场体系的建立。

四、重要数据

1986年9月16日，我国金融体制改革试点城市由原来5个扩大到13个。

1986年9月10日，据《人民日报》报道，截至1986年8月底，城乡储蓄逾2000亿元。

五、作者观点

【第一个证券交易柜台诞生】 十二届三中全会通过了《关于经济体制改革的决定》,确立了“社会主义经济是以公有制为基础的有计划的商品经济”,并阐明了以城市为重点的整个经济体制改革的必要性。股份制也由此开始进入了正式试点阶段。1984—1986 年间,北京、广州、上海等城市选择了少数大中型企业进行股份制试点。随着经济体制改革的推进,作为微观经济主体的企业对资金的需求日益多样化,这成为中国证券市场萌芽阶段的经济和社会土壤。随着证券发行的增多和投资者队伍的逐步扩大,证券流通的需求日益强烈。一些股票持有者开始自发的股票转让,这就是股票的私下交易。股票的私下交易广泛地存在于公开柜台交易之前的深沪两地。由于没有固定的交易场所、缺乏市场化的价格、信息不对称以及交易成本过高等问题,股票的私下交易存在着较多的投机和欺诈成分。为解决股票的流通问题,1986 年,上海试办了股票的公开柜台交易。1986 年 9 月 26 日,对于中国资本市场来说是一个重要的日子,中国第一个证券交易柜台——中国工商银行上海信托投资公司静安证券部开张。这是一个位于上海南京西路 1806 号,由一间理发店改成的交易柜台,营业面积仅 12 平方米,只有 10 个工作人员,2 只股票(“飞乐音响”与“延中实业”)交易。正是从这个条件十分简陋的小柜台起步,中国证券交易市场迈出了从无到有的第一步,实现了从一级市场到二级市场的巨大飞跃。这是中国证券史上的一个里程碑,标志着新中国从此有了股票交易,由此拉开了我国证券流通的序幕,为我国证券交易所的最终成立奠定了基础。

参考文献

[1]人民日报图文数据库(1946—2018)。

[2]王振川. 中国改革开放新时期年鉴(1986)[M]. 北京:中国民主法制出版社,2015:592 -659.

[3]中共中央政策研究室. 中华人民共和国大事记(1949—2009)[M]. 北京:人民出版社,2009:385 -386.

[4]黄孟复. 中国民营经济史·大事记[M]. 北京:社会科学文献出版

社,2009:179.

[5]吴晓灵. 中国金融改革大事记[M]. 北京:中国金融出版社,2008:116.

[6]中央财经领导小组办公室. 中国经济发展五十年大事记(1949.10—1999.10)[M]. 北京:人民出版社,1999:388.

[7]中国共产党大事记·1986年[EB/OL]. 中国共产党新闻网,http://cpc.people.com.cn/GB/64162/64164/4416136.html.

[8]吴敬琏,马国川. 中国经济改革二十讲[M]. 北京:生活·读书·新知三联书店,2012:116.

[9]新中国第一家证券交易所开锣[EB/OL]. 中国经济网综合,http://www.ce.cn/cysc/ztpd/08/gg/1990/jjsj/200811/27/t20081127_17519275.shtml.

[10]马昌豪,印炯. 中国股票交易20年回眸[N]. 人民日报(海外版),2006-09-27.

[11]李振宁. 科尔奈经济思想的精华[J]. 经济研究,1986(9):26-33.

[12]赵人伟. 我国经济改革过程中的双重体制问题[J]. 经济研究,1986(9):14-25.

[13]宋养琰,王海东. 所有制:经济改革的困难与出路[J]. 经济研究,1986(9):34-40.

[14]李晓西. 绿色抉择:中国环保体制改革与绿色发展40年[M]. 广州:广东经济出版社,2017:56,545.

[15]郑新立,徐伟,鲁明. 从计划到市场——中国计划投资体制改革40年[M]. 广州:广东经济出版社,2017:17.

[16]元一. 中国证券市场20年足迹:在改革中不断完善[N]. 证券时报,2010-07-02.

[17]马昌豪. 中国股票交易20年回眸[N]. 人民日报(海外版),2006-09-27.

[18]王见宇. 股票交易由"暗"转"明"[N]. 华夏时报,2008-09-11.

[19]陆继农. 股票交易第一家——访新中国第一个股票交易柜台创建者[J]. 中国经济信息,1996(21):8.

[20]李佐军. 中国改革新思维——改出一个"人本市场经济"[M]. 北京:电子工业出版社,2013:51.

尝试转向“以国有企业改革为主线”的经济改革（1986.10）

1986年10月，我国改变原来拟通过配套改革建立市场体系，尝试转向“以国有企业改革为主线”的经济改革。

一、重要文件

1986年10月3日，国务院发布《关于开展1986年税收、财务、物价大检查的通知》。

1986年10月11日，国务院发布《关于改革道路交通管理体制的通知》，提出全国城乡道路交通由公安机关负责统一管理。

1986年10月11日，国务院发布《关于鼓励外商投资的规定》，鼓励外国投资者在中国境内举办中外合资经营企业、中外合作经营企业和外资企业。

1986年10月15日，深圳市人民政府发布《深圳特区国营企业股份化试点暂行规定》。

1986年10月31日，国务院作出《关于开拓国外技术市场，加强技术出口管理问题的批复》。

二、重大事件

1986年10月10日，据《人民日报》报道，我国成立外国投资工作领导小组。

1986年10月15日，国务院批准青岛市试行国家计划单列，赋予其相当于省一级的经济管理权限，并进行经济体制综合改革试点。

1986年10月17日，我国第一家正式宣告破产的企业开始还债。

1986年10月21日，据《人民日报》报道，中央决定进一步实行厂长负责制，搞好全民所有制工业企业领导体制改革。

1986年10月31日，据《人民日报》报道，我国决定从1986年起设立"国家社会科学基金"，以促进社会科学的发展。

三、重要论述

《北京社会科学》(1986年第3期)刊发张卓元和边勇壮的《对社会主义商品经济的再认识》。文章认为，实现政府对经济间接控制的有效性，除对经济控制、调节手段本身的改革外，重要的是，要加强软科学的研究，实现经济决策的民主化和科学化，加强社会主义法制，加强经济预测等。

《经济体制改革》(1986年第5期)刊发刘国光的《进一步发展商品经济的几个理论问题》。文章对经济体制改革中涉及的所有制和市场体系问题的理论争论作了评价，提出所有制改革是进一步发展社会主义商品经济的关键之一，国家所有制应当是今后改革的一个重点，本文作者倾向赞成股份所有制改革的设想，还对建立资金市场、劳动力市场、技术市场和实行城市房地产商品化发表了意见。

四、重要数据

1986年10月11日，广交会30年成交600多亿美元。

1986年10月12日，"六五"期间各地加强地力建设，改造中低产田1.8亿多亩。

1986年10月12日，我国实行对外开放政策以来，外商投资企业逾7000家。

1986年10月31日，农村近七年新建住房42.6亿平方米。

五、作者观点

【尝试转向"以国有企业改革为主线"的经济改革】 任何一种经济体制

都是一个一环扣一环的有机体系，从旧体制过渡到新体制，必然要经历某种系统性的突变，而在突变的过程中，又伴随着某些补充、完善、提高、成熟的渐变。1986 年 8 月确定的《1987 年经济体制改革实施方案》是我国经济体制配套改革的第一个框架性方案，提出以价格、税收、财政、金融和贸易为重点的整体配套的改革方案，开了我国改革总体设计的先河。然而不久，由于认识到我国市场发育程度低，需要一个自然演化过程，不能人为地加速，在改革项目的选择上要趋易避难，应放缓价、税、财、金配套改革的方案，转而以"放权让利"为主要手段，重点进行企业"微观改革"。于是，1986 年 10 月，我国改变原来拟通过配套改革建立市场体系的做法，尝试转向以国有企业改革为主线的经济改革，并在 1987 年和 1988 年实行"企业承包""部门承包""财政大包干""外贸大包干"和"信贷切块包干"五大包干制度。虽然承包制仍属于放权让利的范畴，但承包制所存在的体制缺陷并未消除政企不分的问题。

参考文献

［1］人民日报图文数据库（1946—2018）。

［2］王振川．中国改革开放新时期年鉴（1986）［M］．北京：中国民主法制出版社，2015：660－704.

［3］中共中央政策研究室．中华人民共和国大事记（1949—2009）［M］．北京：人民出版社，2009：387.

［4］黄孟复．中国民营经济史·大事记［M］．北京：社会科学文献出版社，2009：180.

［5］吴晓灵．中国金融改革大事记［M］．北京：中国金融出版社，2008：116.

［6］中央财经领导小组办公室．中国经济发展五十年大事记（1949.10—1999.10）［M］．北京：人民出版社，1999：390.

［7］中国共产党大事记·1986 年［EB/OL］．中国共产党新闻网，http://cpc.people.com.cn/GB/64162/64164/4416136.html.

［8］贾康，刘薇．构建现代治理基础——中国财税体制改革 40 年［M］．

广州:广东经济出版社,2017:334.

[9]吴敬琏. 当代中国经济改革[M]. 上海:上海远东出版社,2003:73,140.

[10]吴敬琏,马国川. 中国经济改革二十讲[M]. 北京:生活·读书·新知三联书店,2012:116.

[11]吴敬琏,周小川等. 推进经济体制改革的一种整体设想[J]. 改革,1988(1):69-79,200-201.

[12]张卓元,边勇壮. 对社会主义商品经济的再认识[J]. 北京社会科学,1986(3):5-12.

[13]刘国光. 进一步发展商品经济的几个理论问题[J]. 经济体制改革,1986(5):6-14.

[14]李佐军. 中国改革新思维——改出一个“人本市场经济”[M]. 北京:电子工业出版社,2013:52.

推动工业企业领导体制改革
（1986. 11）

1986 年 11 月，中共中央、国务院对《全民所有制工业企业厂长工作条例》等三个条例发出补充通知。这是我国工业企业领导体制改革的一件大事，对于确立厂长在企业中的地位和作用，加强党对企业的领导，巩固和完善民主管理制度，提高企业经营者和广大职工的积极性、创造性，提升企业的管理水平，具有重要的意义。

一、重要文件

1986 年 11 月 18 日，中共中央、国务院转发《高技术研究发展计划纲要》。

1986 年 11 月 29 日，国务院办公厅转发《关于烟台、唐山、蚌埠、常州、江门五城市住房制度改革试点工作会议纪要》。

1986 年 11 月 30 日，国务院环境保护委员会公布《关于防止水污染技术政策的规定》。

二、重大事件

1986 年 11 月 8—12 日，中共中央、国务院召开农村工作会议，提出农村经济改革的根本出发点和目标是发展有计划的商品经济，建设具有中国特色的社会主义新农村。1987 年农村工作总体要求是：继续坚持改革，搞好基层整党，争取粮食有较大幅度的增产，全面发展商品经济，促进农村经济持续稳步发展。

1986年11月16—22日，国务院召开全国计划会议，提出努力实现社会总需求与总供给的基本平衡，为全面改革创造良好条件，也是安排1987年计划的总出发点。

1986年11月26日，国务院召开城市建设会议，提出要充分发挥城市的多功能和中心作用，进一步做好城市的规划、建设和管理。

三、重要论述

《中国社会科学》(1986年第6期)刊发刘国光的《关于发展社会主义商品经济问题》。文章比较全面地论述了发展社会主义商品经济的重要理论和实践问题，包括社会主义商品经济的必然性和必要性、社会主义商品经济的特点、商品经济同经济体制改革的关系，以及发展商品经济中调整所有制结构、完善市场体系、二元经济结构向一元经济结构转化、造成松宽的改革环境等问题。文章认为，发展商品经济对我国社会主义经济建设起到重大的促进作用。但如何发展社会主义商品经济，必须通过不断地实践和探索。

《金融研究》(1986年第11期)刊发赵海宽的《论开放资金市场问题》。文章提出，开放资金市场，对加快经济体制改革和金融体制改革、提高资金使用效益、做好社会主义建设具有重要意义。但是，开放资金市场后要加强宏观金融管理。在进行总供给和总需求综合平衡的同时，要考虑资金市场加大货币周转速度的因素。

《计划工作动态》(1986年第11期)刊发张卓元的《谈谈建立买方市场的必要性》。文章提出，随着商品经济的发展，必然逐步形成一个供大于求的买方市场，而买方市场的形成又将推动商品经济的发展；只有对市场环境进行改革，才能从根本上解决提高产品质量的问题；在进行国民经济综合平衡时，最好留出一部分产品以备在竞争中被淘汰。

四、重要数据

1986年11月2日，据《人民日报》报道，我国接受专利申请22000多件。

1986年11月5日，据《人民日报》报道，"七五"城市建设投资450亿元。

1986年11月18日，据《人民日报》报道，我国停建缓建1200多个项目，压缩投资775000万元。

五、作者观点

【推动工业企业领导体制改革】 我国国营工业企业领导体制几经变更,先后经历了行政一长负责制(1951—1956年),党委领导下的厂长负责制(1956—1966年)和“革命委员会”制(1966—1976年),党委领导下的厂长负责制的恢复与改革(1978—1984年),厂长负责制的试点和全面推行(1984年开始)。1984年中共十二届三中全会通过了《关于经济体制改革的决定》(以下简称《决定》),我国经济改革的重心由农村转移到城市。《决定》提出,经济体制改革的中心环节是增强企业活力,正式肯定了厂长负责制。改革企业的领导体制,成为城市经济体制改革的一个重要组成部分。1986年9月,中共中央、国务院颁发了《全民所有制工业企业厂长工作条例》等三个条例,厂长负责制作为企业领导制度的一项基本内容就此确定下来。1986年11月,中共中央、国务院对三个条例又发出补充通知。这是我国工业企业领导体制改革的一件大事,对于改变当时企业领导体制改革中某些不协调状况,理顺企业行政、党组织和工会组织之间的关系,确立厂长在企业中的地位和作用,加强党对企业的领导,巩固和完善民主管理制度,提高企业经营者和广大职工的积极性、创造性,提升企业的管理水平,加速我国经济建设,具有重要的意义。在1988年的七届人大一次会议上通过立法程序,进一步从法律上确定了企业的法人地位和厂长(经理)负责制。

参考文献

[1]人民日报图文数据库(1946—2018)。

[2]王振川. 中国改革开放新时期年鉴(1986)[M]. 北京:中国民主法制出版社,2015:705-796.

[3]中共中央政策研究室. 中华人民共和国大事记(1949—2009)[M]. 北京:人民出版社,2009:387-388.

[4]吴晓灵. 中国金融改革大事记[M]. 北京:中国金融出版社,2008:121-122.

[5]中央财经领导小组办公室．中国经济发展五十年大事记(1949. 10—1999. 10)[M]．北京:人民出版社,1999:390.

[6]中国共产党大事记·1986 年[EB/OL]．中国共产党新闻网,http://cpc. people. com. cn/GB/64162/64164/4416136. html.

[7]赵海宽．论开放资金市场问题[J]．金融研究,1986(11):35 -39.

[8]张卓元．谈谈建立买方市场的必要性[J]．计划工作动态,1986(11):14 -16.

[9]刘国光．关于发展社会主义商品经济问题[J]．中国社会科学,1986(6):4 -27.

[10]陈宝祥．企业领导体制合理化初探[J]．理论探讨,1985(6):35 -38.

[11]王梦奎．建国以来国营工业企业领导体制的沿革[J]．经济工作通讯,1986(8):17 -19.

[12]卢开堂．对我国企业领导体制演变的回顾与思考[J]．中南财经大学学报,1986(8):84 -91.

[13]李佐军．中国改革新思维——改出一个“人本市场经济”[M]．北京:电子工业出版社,2013:52.

深化全民所有制企业改革
（1986.12）

1986年12月，中国改革开放进程中的一份重要文件出台——《关于深化企业改革增强企业活力的若干规定》。这是推动我国城市经济体制改革的重大步骤，对全民所有制企业进一步简政放权，改善企业外部条件，扩大企业经营自主权，促进企业内部机制改革，具有重要的意义。从1984年有计划的商品经济到1992年建立了社会主义市场经济体制，1986年的深化全民所有制改革无疑是必不可少的一步。

一、重要文件

1986年12月2日，六届人大常委会第十八次会议通过了《企业破产法（试行）》。

1986年12月11日，国务院发布《个人收入调节税暂行条例》。

1986年12月21日，财政部发布《粮食企业政策性亏损定额补贴办法》，旨在调动粮食企业改善经营管理的积极性，增强企业活力，提高经济效益。

1986年12月23日，财政部发布《国营企业成本核算办法》，旨在配合《国营企业成本管理条例》的实施，对企业成本核算的具体办法和程序作了明确的规定。

二、重大事件

1986年12月2日，六届人大会常务委员第十八次会议决定恢复行政监察体制，组建监察部。同时，会议批准了国务院撤销机械工业部、兵器工业部，设立国家机械工业委员会。

1986 年 12 月 3 日，中国个体劳动者协会成立。

1986 年 12 月 15 日，23 个长江沿岸城市达成加强横向经济联系、联合开发长江的决议。

1986 年 12 月 15 日，中国人民银行金融体制改革第三次试点城市工作会议在湖北武汉市召开。

1986 年 12 月 19 日，国务院批准进一步放开小商品价格，把小商品定价权和调价权交给企业。

1986 年 12 月 24 日，我国开始实行科技统计报告制度。

三、重要论述

吴敬琏在其《当代中国经济改革》一书中针对国务院在 1986 年 12 月提出的“推行多种形式的经营承包责任制”，指出承包制这种制度安排具有本质性缺陷，即在把部分剩余控制权和剩余索取权交给承包者以后，使企业产权的界定变得更加模糊，发包者与承包者之间的利益冲突加剧，双方相互侵权的行为更容易发生。

《经济管理》(1986 年第 12 期)刊发吴敬琏、周小川和李剑阁的《关于各级政府职能和分层管理的思考》。文章提出，我们的经济体制改革的目标模式，是社会主义有计划的商品经济。可是，商品经济天然是一个分散决策系统。对于这样一个系统，只能采取分层次控制的办法进行宏观调节。因此，要做好如下工作：分层控制要建立在政企职责分开的基础上；明确分层控制系统的设计原则和各级政府的事权划分；以“分税制”为基础设计分层管理系统。

《中国经济体制改革》(1986 年第 12 期)刊发厉以宁的《所有制改革和股份企业的管理》。文章认为，所有制的改革，正是要根据社会生产力发展的状况和社会主义发展现阶段的特点，调整不适应商品经济发展需要的所有制，力求按照商品经济发展的要求，从所有制关系的高度来调整人际关系，调动各方面的主动性和积极性，达到使社会主义经济迅速增长的目的。

四、重要数据

根据国家统计局统计，1986 年全年国内生产总值 10202. 2 亿元，比 1985 年增长 8. 8%，其中，第一产业增长 3. 3%，第二产业增长 10. 2%，第三产业增长 12. 1%。全社会固定资产投资 3120. 7 亿元，其中，国有单位完成基本建设投资 1176. 11 亿元。全国财政收入 2122. 01 亿元，比 1985 年增长 5. 8%；财政支出 2204. 91 亿元，比 1985 年增长 10. 0%。1986 年全年社会商品零售总额 4950. 0 亿元，商品零售价格指数比 1985 年增长 6. 0%。全国进出口贸易总额 2580. 4 亿元，其中，出口 1082. 1 亿元，进口 1498. 3 亿元，入超 416. 2 亿元。城镇居民家庭人均可支配收入 899. 60 元，农村居民家庭人均纯收入 423. 76 元。

据统计，截至 1986 年年底，全国登记注册的个体工商户共有 12111463 户，从业人员达 18458723 人，注册资金为 1797168 万元，1986 年实现营业额 9142197 万元。

五、作者观点

【深化全民所有制企业改革】 1978—1984 年，我国全民所有制改革主要围绕扩大企业自主权进行试点。从 1984 年 10 月到 1986 年年底，企业改革的重点逐步转为实行以承包制为主体的多种经营方式。1986 年 12 月 5 日，国务院发布《关于深化企业改革增强企业活力的若干规定》，提出全民所有制小型企业可积极试行租赁、承包经营；全民所有制大中型企业要实行多种形式的经营责任制；各地可以选择少数有条件的全民所有制大中型企业进行股份制试点。这是我国改革开放进程中的一份重要文件，文件明确提出，未来一个时期深化全民所有制改革的方向和办法，对于进一步简政放权、改善企业外部条件、扩大企业经营自主权、促进企业内部机制改革，具有重要意义。这是推动我国城市经济体制改革的重大步骤，在更深的层次上解决了作为经济主体的国企缺乏积极性、整体经济效率不高的问题。同时，它也进一步消除了人们对不同所有制企业间的偏见和歧视。从 1984 年有计划的商品经济到1992年建立了社会主义市场经济体制,1986年的深化全民所有制改革无疑是必不可少的一步。

参考文献

[1]人民日报图文数据库(1946—2018)。

[2]王振川. 中国改革开放新时期年鉴(1986)[M]. 北京:中国民主法制出版社,2015:797-903.

[3]中共中央政策研究室. 中华人民共和国大事记(1949—2009)[M]. 北京:人民出版社,2009:388-389.

[4]黄孟复. 中国民营经济史·大事记[M]. 北京:社会科学文献出版社,2009:180.

[5]吴晓灵. 中国金融改革大事记[M]. 北京:中国金融出版社,2008:122-125.

[6]中央财经领导小组办公室. 中国经济发展五十年大事记(1949.10—1999.10)[M]. 北京:人民出版社,1999:390-391.

[7]中国共产党大事记·1986年[EB/OL]. 中国共产党新闻网,http://cpc.people.com.cn/GB/64162/64164/4416136.html.

[8]吴敬琏. 当代中国经济改革[M]. 上海:上海远东出版社,2003:73,140.

[9]吴敬琏,周小川,李剑阁. 关于各级政府职能和分层管理的思考[J]. 经济管理,1986(12):13-17.

[10]吴敬琏. 当代中国经济改革[M]. 上海:上海远东出版社,2003:140.

[11]贾康,刘薇. 构建现代治理基础——中国财税体制改革40年[M]. 广州:广东经济出版社,2017:353.

[12]子衿.1986:全民所有制企业改革的核心是适应市场经济[EB/OL]. 中国经济网,http://views.ce.cn/fun/corpus/ce/zj/200812/25/t20081225_17789252.shtml.

[13]厉以宁．所有制改革和股份企业的管理[J]．中国经济体制改革，1986(12):27－30.

[14]李佐军．第三次大转型:新一轮改革如何改变中国[M]．北京:中信出版集团,2014:162－163.

进一步推动科技体制改革
（1987.01）

1987年1月，国务院发布《关于进一步推进科技体制改革的若干规定》，要求进一步放活科研机构，促进多层次、多形式的科研生产横向联合，推进科技与经济的紧密结合。这是一个十分重要的决定，是我国科技体制改革在已经取得初步成效的基础上又迈出的新的重要一步。

一、重要文件

1987年1月1日，《中华人民共和国民法通则》《中华人民共和国治安处罚条例》正式实施。

1987年1月5日，中国人民银行上海市分行印发《证券柜台交易暂行规定》。这是新中国有关柜台交易业务方面的第一个业务规章。

1987年1月22日，中共中央发布《把农村改革引向深入的通知》，并指出农村改革正处于新旧体制交替时期，争取再以五年或稍长一点的时间，使新体制充实和完善起来。

1987年1月22日，六届人大会常务委员会第十九次会议修订通过《中华人民共和国海关法》，自1987年7月1日起施行。

二、重大事件

1987年1月6日，国家经委成立工业支持农业协调小组。

1987年1月22日，国务院决定成立新闻出版署。

1987 年 1 月 23 日，国家计委在安排 1987 年基本建设投资计划时确定：要坚决实行“三压三保”，即保计划内项目，压计划外项目；保生产性建设，压非生产性建设；保重点建设，压一般工业建设。

1987 年 1 月，中国人民银行、国家体改委明确广东成为全国唯一的金融体制改革试点省。

三、重要论述

《决策参考》(1987 年第 1 期) 刊发吴敬琏的《加速“秀才班子”向思想库过渡》。文章认为，现代决策所要求的思想库，不是秀才，而是智囊。现代化大生产带来的知识和信息量的极大增加，使需要决策的问题错综复杂，只有各方面的不同知识结构的专家，组成为决策者的智囊即外脑，才能提出系统的符合客观实际的意见，由领导根据自己的经验、政治目标等进行选择与综合，变为领导者的决策。

《中国经济体制改革》(1987 年第 1 期) 刊发高尚全的《以搞活企业为中心推动城市经济体制改革》。文章认为，以搞活企业为中心环节来统筹安排各项改革，一方面体现了政策的连续性、稳定性，有利于企业行为机制的改善；另一方面，可以保证国民经济持续稳定的增长，有利于正确处理改革与发展的关系。

《中国工业经济研究》(1987 年第 1 期) 刊发周叔莲的《“经济体制改革理论与实践研讨会”开幕词》。文章认为，为了促进社会主义企业成为真正的企业，促使社会主义市场体系的形成和发展，不仅要求宏观经济管理相应地改革，而且有时还要求宏观经济管理的某些方面率先改革。因此，在研究改革问题时，也要重视研究如何通过改革宏观经济管理制度和宏观经济管理工作来促进企业改革和市场体系的形成与发展。

四、重要数据

1987 年 1 月 1 日，据《人民日报》报道，石化工业持续发展，铁路货运逾 13 亿吨。

1987 年 1 月 22 日，国家决定在“七五”期间投资 200 亿元，对东北 52 个老骨干企业进行重点改造。

1987年1月21日，据《人民日报》报道，我国合同制工人逾400万。

1987年1月22日，根据中共中央发布《把农村改革引向深入》的通知，按照中共中央、国务院的部署，截至1987年9月中旬，我国在10个省、自治区建立14个规模不等、项目不同的农村改革试验区。

五、作者观点

【进一步推动科技体制改革】 科技工作与经济建设密切相关、互相促进。经济体制改革有利于科技的进步，科技体制改革有利于经济的发展。自20世纪80年代开始，中央决定对科学技术体制进行坚决的、有步骤的改革。党中央在1984年作出经济体制改革决定后，于1985年发布《关于科学技术体制改革的决定》，全面启动了科技体制改革，以改革拨款制度、开拓技术市场为突破口，引导科技工作面向经济建设主战场。1987年1月，国务院发布《关于进一步推进科技体制改革的若干规定》，要求进一步放活科研机构，促进多层次、多形式的科研生产横向联合，推进科技与经济的紧密结合。重点突出两个“放活”：一是放活科研机构，促进多层次、多形式的科研生产联合，推动科技与经济的紧密配合；二是进一步改革科技人员的管理制度，放宽放活对科技人员的政策，为发挥科技人员作用而创造良好环境。这是一个十分重要的决定，是我国科技体制改革在已经取得初步成效的基础上又迈出的新的重要一步，其目的是为了使科技成果迅速地广泛地应用于生产，使科技人员的作用得到充分发挥，进而解放生产力，促进经济发展。

参考文献

[1]人民日报图文数据库(1946—2018)。

[2]王振川．中国改革开放新时期年鉴(1987)[M]．北京：中国民主法制出版社，2015：797－903.

[3]中共中央政策研究室．中华人民共和国大事记(1949—2009)[M]．北京：人民出版社，2009：390－392.

[4]黄孟复．中国民营经济史·大事记[M]．北京：社会科学文献出版

社,2009:181 -182.

[5]吴晓灵. 中国金融改革大事记[M]. 北京:中国金融出版社,2008:126 -128.

[6]中央财经领导小组办公室. 中国经济发展五十年大事记(1949.10—1999.10)[M]. 北京:人民出版社,1999:392 -393.

[7]中国共产党大事记·1987年[EB/OL]. 中国共产党新闻网,http://cpc.people.com.cn/GB/64162/64164/4416137.html

[8]王强华. 中报协是报业改革的产物——国报业协会诞生亲历记[J]. 中国报业,2008(10):17 -20.

[9]本刊评论员. 科技体制改革的重要一步[J]. 瞭望周刊,1987(2):1.

[10]金森. 科技体制改革八年回顾[J]. 科技进步与对策,1987(6):15 -19.

[11]朱传柏. 方向·时机·条件——学习国务院《关于进一步推进科技体制改革的若干规定》[J]. 科学学与科学技术管理,1987(6):2 -3.

[12]吴敬琏. 加速"秀才班子"向思想库过渡[J]. 决策参考,1987(1):13 -14.

[13]厉以宁. 所有制改革和股份企业的管理(续一)[J]. 中国经济体制改革,1987(1):24 -25,29.

[14]周叔莲."经济体制改革理论与实践研讨会"开幕词[J]. 中国工业经济研究,1987(1):46 -50.

[15]高尚全. 以搞活企业为中心推动城市经济体制改革[J]. 中国经济体制改革,1987(1):6 -8.

[16]李佐军. 中国改革新思维——改出一个"人本市场经济"[M]. 北京:电子工业出版社,2013:53.

推动物资流通体制改革
（1987.02）

1987年2月，国务院批准七大城市开设钢材市场，这是我国生产资料流通体制的一项重大改革，打破了过去钢材实行计划调节的框框，将钢材流通实行计划调节和市场调节相结合。这些钢材市场的建立，推动了我国物资流通体制改革，进一步完善和发展生产资料市场体系，促进生产发展，满足人民生活需要。

一、重要文件

1987年2月1日，《计量法实施细则》发布施行。

1987年2月15日，中共中央批转中央军委《关于新时期军队政治工作的决定》，并发布通知："在改革、开放、搞活的新形势下，思想政治工作只能加强，不能削弱。"

1987年2月28日，国家经委、国家科委、国家体改委、国防科工委、国务院科技领导小组办公室向有关地区和部门下发《关于进一步推动科研与生产联合的若干意见》，并指出，大力推进多层次、多形式的科研、设计与生产联合，促使大多数以技术开发为主的特别是从事产品开发的研究所逐步进入企业、企业集团或与企业实行紧密结合，应当成为今后经济、科技体制改革的一项十分重要的内容。

二、重大事件

1987年2月6—10日，经国务院批准，经济特区工作会议在深圳召开。会议提出1987年特区工作的中心任务是：继续坚持抓生产、上水平、求效益的方针，深化改革，加强管理，提高对外资的吸引力和增强产品外销的竞争力。

1987年2月24日，国务院批准宁波市实行计划单列，赋予其相当于省一级的经济管理权限，并继续进行经济体制综合改革试点。

1987年2月25日，据《人民日报》报道，国家机械工业委员会组建完成。

1987年2月29日，国家体改委和中国人民银行决定，新增14个城市作为金融改革试点。

三、重要论述

1987年2月10日，陈慕华在人民银行全国分行长会议上指出，1987年信贷工作要贯彻紧中有活，先抓存款，后抓贷款；先发放流动资金贷款，后发放固定资金贷款；先支持适销产品，后支持一般产品；先支持基础工业，后支持加工工业；先考虑企业挖潜，后考虑银行贷款方针。

四、重要数据

1987年2月1日，全国六年节煤1.6亿吨。

1987年2月6—10日，经济特区工作会议总结了1986年特区工作的成绩：四个经济特区的工农业总产值达76亿元，其中，工业总产值达68亿多元，出口创汇近10亿美元，均比1985年增长20%以上。

1987年2月9日，据《人民日报》报道，我国民办科研机构近万家。

1987年2月21日，据《人民日报》报道，我国开放口岸达114个。

1987年2月27日，据《人民日报》报道，74个改革试点城市经济活跃。

五、作者观点

【推动物资流通体制改革】 在计划经济年代，我国生产资料的生产和分配都是按国家指令性计划进行。在生产资料流通体制改革的初期，国家对生产资料流通（包括钢材）开始实行双轨制。经济改革初期的沿海地区和各类乡镇企业的钢材需求主要靠计划外资源来满足。据统计，1986 年全国钢材库存达 500 万吨，其原因是，各生产厂家因法定的钢材价格低没有出售而积压在库，而用户又得不到所需的钢材。在国家对钢材指令性分配计划逐渐缩小，指导性计划和市场调节逐渐扩大的情况下，为了搞活流通，适应商品经济发展的需要，国家决定开设钢材市场，以解决影响产销的价格问题，促使在压钢材的充分利用。1987 年 2 月，国务院在召开的生产流通工作会上，决定在天津、沈阳、武汉、重庆、西安、石家庄和上海七个城市开设首批钢材市场。国家以开设钢材市场为开端，进一步促进生产资料市场的形成，作为搞活经济的一个环节。首批七家钢材市场的建立是我国生产资料流通体制的一项重大改革，打破了过去钢材实行计划调节的框框，将钢材流通实行计划调节和市场调节相结合，这些钢材市场的建立，推动了我国物资流通体制改革，进一步完善和发展生产资料市场体系，促进生产发展，满足人民生活需要。

参考文献

[1]人民日报图文数据库（1946—2018）。

[2]王振川．中国改革开放新时期年鉴（1987）[M]．北京：中国民主法制出版社，2015：797－903.

[3]中共中央政策研究室．中华人民共和国大事记（1949—2009）[M]．北京：人民出版社，2009：392－393.

[4]黄孟复．中国民营经济史·大事记[M]．北京：社会科学文献出版社，2009：182.

[5]吴晓灵．中国金融改革大事记[M]．北京：中国金融出版社，2008：128－129.

[6]中央财经领导小组办公室．中国经济发展五十年大事记（1949.10—1999.10）[M]．北京：人民出版社，1999：393.

[7]中国共产党大事记·1987 年[EB/OL]．中国共产党新闻网，http://

cpc. people. com. cn/GB/64162/64164/4416137. html

[8]杨学慧. 全国七大城市开设钢材市场[J]. 武钢技术,1988(7):72.

[9]苏大忠. 改革供应体制,办好钢材市场——武汉钢材市场开业以来的情况介绍[J]. 中国物资流通,1988(6):17-19.

[10]李佐军. 中国改革新思维——改出一个“人本市场经济”[M]. 北京:电子工业出版社,2013:53.

启动港口管理体制改革

(1987.03)

1987年3月，交通部出台《交通运输管理体制改革方案》，提出，除秦皇岛港仍由交通部管理外，其余所有部属港口全部下放地方，实行中央和地方政府双重领导，以地方政府管理为主。这是我国港口管理体制的一次重大改革，为我国港口未来成为相对独立的经济实体创造了条件。

一、重要文件

1987年3月2日，中共中央、国务院原则同意中央书记处农村政策研究室等部门提出的《关于保障农业持续稳步增长的建议》，并提出了今后十年优先实施的八项建议。

1987年3月7日，国务院办公厅发布《关于成立国务院关税税则委员会的通知》。

1987年3月27日，国家计委制定《关于大型工业联营企业在国家计划中实行单列的暂行规定》；国务院发布《企业债券管理暂行条例》。

1987年3月28日，国务院发布《关于加强股票、债券管理的通知》。

1987年3月29日，中共中央发布《关于坚决妥善地做好报纸刊物整顿工作的通知》。

1987年3月30日，国务院印发《放宽固定资产投资审批权限和简化审批手续的通知》。

二、重大事件

1987 年 3 月 2 日，我国首期大型企业厂长（经理）岗位职务培训班举行开学典礼，并计划在四年内完成对企业领导干部的岗位职务培训。

1987 年 3 月 4 日，中国六大航空公司（中国国际航空公司、中国东方航空公司、中国南方航空公司、中国西南航空公司、中国西北航空公司和中国北方航空公司）成立。原中国民航不再直接经营航空企业，只实施行业管理。六大航空公司实行总经理负责制。

三、重要论述

《经济研究》（1987 年第 2 期）刊发吴敬琏的《关于改革战略选择的若干思考》。文章提出，通过价、税、财配套改革建立起来的市场是企业、金融、外贸等方面改革的基本前提，离开了这个基本前提，企业、金融、外贸等方面的改革都无从谈起，即使进行了某一单项的改革，在价格体系严重扭曲，又缺乏其他协调手段的情况下，个别子系统都无法有效运转，甚至会像离开了整个机体的部分器官一样，根本无法长期存活。

《河北学刊》（1987 年第 1 期）刊发厉以宁的《社会主义所有制体系的探索》。文章认为，通过所有制改革，今后我国将形成如下的二元经济模式：一方面，是几百家最大的企业，它们通过层层控股，形成母公司、子公司、孙公司系统，形成公司财团（企业集团），它们将决定我国工业化的方向、技术进步的方向。另一方面，是几十万家甚至上百万家小企业，包括合作经济的、个体的、混合所有制的小企业，它们形成紧密的协作网，同时又相互竞争。它们将着重解决农村劳动力的转移、农副产品生产和加工、农村居民收入水平的提高、小城镇建设、城乡居民生活服务等问题。二元经济的这两个不同的部分将各自按照自己的运动规律向前发展，二者是长期并存和互补的。

《商业研究》（1987 年第 2 期）刊发张卓元和边勇壮的《价格改革仍然是经济体制改革的关键——兼与厉以宁同志商榷》。文章认为，价格改革和所有制改革是经济体制改革的两条主线，二者不可偏废；价格改革仍然是经济体制改革的关键，作用不能低估，价格改革的难点是改革序列的内外配套。

四、重要数据

截至1986年年底，我国共批准在海外开办的合资（或独营）企业277个，总投资额约4亿美元，其中，中方投资额为2.3亿美元，约占总投资额的56%。

国务院提出的《关于保障农业持续稳步增长的建议》中提出，确定以下两个目标为我国在20世纪末经济发展不可动摇的战略要求：一是努力越过粮食总产4500亿公斤和5000亿公斤两个台阶，保证人均400公斤粮食供给；二是保证稳步提高农民收入，逐步接近城市居民收入水平。

五、作者观点

【启动港口管理体制改革】 港口是对外贸易的主要门户。改革开放之初，随着经济的发展，港口逐渐成为我国国民经济及外贸运输的薄弱环节，因此，亟须对港口管理体制进行改革，需要有一个功能完善、能适应外贸发展的港口系统。港口系统包括港口的各种设施、港口管理体制，以及国家对港口实行的政策等。其中，港口管理体制是重中之重。1983年，按照国务院国发（1983）50号文件精神，对长江航运管理体制进行改革，实行了港航分管、政企分开。1987年3月，交通部出台《交通运输管理体制改革方案》，提出，除秦皇岛港仍由交通部管理外，其余所有部属港口全部下放地方，实行中央和地方政府双重领导，以地方政府管理为主，即“双重领导、以市为主”的管理体制；对长江干线大小港口全部下放，有中心城市依托的下放给中心城市，部分小港小站实行大港带小港。根据政企职责分开、所有权和经营权分离的原则，交通部行使政府职能，实施港口管理宏观控制。这是我国港口管理体制的一次重大改革，为我国港口未来成为相对独立的经济实体创造了条件。

参考文献

[1]人民日报图文数据库（1946—2018）。

[2]王振川．中国改革开放新时期年鉴（1987）[M]．北京：中国民主法制出版社，2015：169 - 256.

[3]中共中央政策研究室．中华人民共和国大事记(1949—2009)[M]．北京:人民出版社,2009:393 -394.

[4]黄孟复．中国民营经济史·大事记[M]．北京:社会科学文献出版社,2009:182 -183.

[5]吴晓灵．中国金融改革大事记[M]．北京:中国金融出版社,2008:128 -129.

[6]中央财经领导小组办公室．中国经济发展五十年大事记(1949.10—1999.10)[M]．北京:人民出版社,1999:393 -394.

[7]中国共产党大事记·1987年[EB/OL]．中国共产党新闻网,http://cpc.people.com.cn/GB/64162/64164/4416137.html.

[8]贾康,刘薇．构建现代治理基础——中国财税体制改革40年[M]．广州:广东经济出版社,2017:196.

[9]周叔莲,周绍明．试论搞活大中型企业[J]．管理世界,1987(3):66 -75.

[10]吴敬琏．关于改革战略选择的若干思考[J]．经济研究,1987(2):4 -15.

[11]厉以宁．社会主义所有制体系的探索[J]．河北学刊,1987(1):80 -88.

[12]张卓元,边勇壮．价格改革仍然是经济体制改革的关键——兼与厉以宁同志商榷[J]．商业研究,1987(2):5 -10.

[13]萧钟熙,侯德培,余佑权,陈祥龙．华东沿海对外开放城市港口发展政策建议[J]．上海海运学院学报,1987(8):1 -10.

[14]大连港务局企管处．以企业升级为中心不断提高港口管理现代化水平[J]．交通企业管理,1987(3):17 -21.

[15]樊桦．我国交通运输管理体制改革的回顾和展望[J]．综合运输,2008(10):9 -14.

[16]李佐军．中国改革新思维——改出一个“人本市场经济”[M]．北京:电子工业出版社,2013:53.

中国民营科技实业家协会成立
（1987.04）

1987年4月，中国民营科技实业家协会成立，这是我国企业家登上经济发展历史舞台的重要标志。

一、重要文件

1987年4月1日，国务院发布《中华人民共和国耕地占用税暂行条例》。

1987年4月2日，国务院批转国家计委《关于大型工业联营企业在国家计划中实行单列的暂行规定》。

1987年4月2日，国务院环境保护委员会召开第九次会议，审议并原则通过《1987年环境保护工作要点》《国家环境保护"七五"计划》。

1987年4月8日，国务院发布《关于严肃税收法纪加强税收工作的决定》。

1987年4月17日，国务院发布《关于扩大征集国家能源交通重点建设基金的规定》。

1987年4月18日，广东省政府批转《广东省金融体制改革试行要点》。主要内容有：改革信贷管理制度，逐步建立分层次宏观调控体系；加快专业银行改革步伐，逐步实现专业银行企业化；开拓和发展资本市场；发展多种形式金融企业等。

二、重大事件

1987年4月1日，经国务院批准，交通银行开业，这是我国设立的第一家股份制银行。

1987 年 4 月 5 日,全国农牧渔业“丰收计划”会议决定,我国农牧渔业“丰收计划”1987 年开始实施。农牧渔业“丰收计划”的主要任务是把农牧渔业的科研成果和先进技术综合运用于大面积、大范围的生产上,促进农业的发展。实施项目范围包括种植业、畜牧业、水产业和农机等各业的先进实用科研成果和先进技术的推广。

1987 年 4 月 8 日,中国第一家由企业投资创办的综合性银行——招商银行在蛇口开业。

1987 年 4 月 18 日,我国第一家票券公司,经人民银行批准,在沈阳市正式开业。

1987 年 4 月 22 日,国家体改委、劳动人事部在山东潍坊市召开第二次中等城市机构改革试点工作座谈会。

1987 年 4 月 23 日,天津大邱庄成了中国最早的亿元村。

三、重要论述

《世界经济文汇》(1987 年第 3 期)刊发蒋一苇的《试论社会主义的企业模式》。文章认为,我国经济体制改革的目标模式,概括来讲,就是要建立一套有计划的社会主义商品经济体系。“七五”计划把它的内容概括为三项任务,即增强企业活力、建立市场体系和建立国家对企业的间接控制体系。这三项任务无疑是要结合进行的。但就其内在逻辑关系而言,确立企业的模式必然是整个经济体系的基础。道理很简单,实行社会主义的商品经济,首先要着眼于商品的生产者和经营者,没有他们就没有商品,也就不可能有商品市场以及其他市场,没有市场就没有商品经济,国家宏观控制体系的建立也就失去对象。

《学习与研究》(1987 年第 7 期)刊发薛暮桥的《总结经验:坚定地推动经济体制改革》。文章认为,对国民经济不是只通过财政一个渠道,而是通过财政和银行两个渠道进行宏观调控,银行信贷收支的平衡和财政收支平衡处于同样重要的地位。

四、重要数据

1987年4月1日，国家计委、农牧渔业部与有关省、区商定落实了“七五”期间国家和地方联合投资建设的第一批商品粮基地县。这批商品粮基地县共100个，分布在16个省、区，其中小麦主产县68个，水稻县32个。

1987年4月7日，1986年，内地与香港的贸易总值突破1400亿港元，创历史最高纪录。

五、作者观点

【中国民营科技实业家协会成立】 在党的十一届三中全会关于解放思想、改革开放精神的指导下，1983—1984年，国务院领导组织了关于世界新技术革命和我们的对策的大学习和大讨论。我国一批科技人员走了民营科技实业的创业之路。1985年3月，中共中央发布《关于科学技术体制改革的决定》，明确支持民营科技实业机构树新体、建新制，以及科技与经济的结合。1987年2月，国家科委和中国科协联合召开“全国民办科技实业家座谈会”。会上，中央和国家领导人称赞民办科技实业家是冲破旧体制的“千里马”“贵在民办”。同时，会上许多企业家及代表倡议成立中国民办科技实业家协会。1987年4月，中国民办科技实业家协会（现更名为“中国民营科技实业家协会”）应运而生，它是由科技实业家、发明家和热心支持民营科技企业的管理工作者与理论工作者自愿组成的全国性非营利社会团体，是民营科技企业家之家。它的成立是我国民营科技实业发展进入了一个有全国组织、有宏观协调、有发展战略新阶段的重要起点，同时也是我国企业家登上经济发展历史舞台的重要标志，对我国的现代化建设具有重要意义。

参考文献

[1]人民日报图文数据库（1946—2018）。

[2]王振川．中国改革开放新时期年鉴（1987）[M]．北京：中国民主法制出版社，2015：257－346.

[3]中共中央政策研究室．中华人民共和国大事记（1949—2009）[M].

北京:人民出版社,2009:394 - 395.

[4]黄孟复. 中国民营经济史·大事记[M]. 北京:社会科学文献出版社,2009:183.

[5]吴晓灵. 中国金融改革大事记[M]. 北京:中国金融出版社,2008:131 - 133.

[6]中央财经领导小组办公室. 中国经济发展五十年大事记(1949. 10—1999. 10)[M]. 北京:人民出版社,1999:394 - 395.

[7]中国共产党大事记·1987 年[EB/OL]. 中国共产党新闻网,http://cpc. people. com. cn/GB/64162/64164/4416137. html.

[8]吴敬琏. 当代中国经济改革[M]. 上海:上海远东出版社,2003:220.

[9]于维栋. 神圣的使命,光辉的历程——纪念中国民营科技实业家协会诞生 20 周年[J]. 中国民营科技与经济,2007(8):18 - 25.

[10]中国民营科技实业家协会. 中国商会发展报告 No. 1. [C]. 中国会议,2005(7):503 - 506.

[11]蒋一苇. 试论社会主义的企业模式[J]. 世界经济文汇,1987(3):47 - 54.

[12]薛暮桥. 总结经验:坚定地推动经济体制改革[J]. 学习与研究,1987(7):13 - 15.

[13]李佐军. 中国改革新思维——改出一个“人本市场经济”[M]. 北京:电子工业出版社,2013:54 - 55.

国有企业普遍推广承包经营责任制
(1987.05)

1987年5月,国务院决定国有企业普遍推广承包经营责任制,这是国有企业承包经营责任制在1986年试点基础上开展的,它是特定历史条件下的一种被迫的选择。尽管存在着种种弊端,但企业承包制毕竟在一定程度上调动了企业和职工的积极性。更为关键的是,它适应了经济体制改革的要求,转换了企业的运行机制,为企业进一步深化改革及向股份制转变铺平了道路。

一、重要文件

1987年5月8日,国务院发布《加强生产资料价格管理,制止乱涨价、乱收费的若干规定》。

1987年5月29日,中央作出《关于改进和加强高等学校思想政治工作的决定》。

二、重大事件

1987年5月1日,《金融时报》创刊号向社会公开发行。该报是第一份全国性、综合性金融类报纸。

1987年5月3日,全国第一家银团——中国工商银行银团在西安成立。

1987年5月20日,北京市科委制定了以"三保一挂"为主要内容的《关于科研单位试行科技承包经营责任制的暂行办法》。后由国家科学技术委员会将此办法转发给各省、市参考。

1987 年 5 月 22 日，国家科委、国家体改委等五个部门联合发文，同意沈阳、南京、哈尔滨、广州、黄石为科技体制改革试点城市。

1987 年 5 月 25 日，国家计委在湖北咸宁召开全国农业计划工作会议。会议的主题是共商稳定发展农业的对策和措施。

1987 年 5 月 29 日，国务院发出通知，决定撤销中国汽车工业公司，组建中国汽车工业联合会，行使必要的行业管理职能。

三、重要论述

《经济体制改革》（1987 年第 2 期）刊发高尚全的《当前改革的主要任务和需要深入研究的问题》。文章认为，"一个中心，两个市场，三个探索"是当前经济体制改革的主要任务，即以搞活企业为中心，发展生产资料市场和金融市场，探索商业、外贸体制改革，城市机构改革和住宅商品化的新路。

《财政》（1987 年第 8 期）刊发薛暮桥的《关于深化企业管理体制改革的一点意见》。文章认为，所有权与经营权分开，是我们深化企业体制改革的方向，但决不能借此来瓜分或蚕食全民所有制（包括中央、省、市、县等）的财产。改革者们应当地利用国家给予的经营权，来挖掘企业自身的潜力，壮大自己的企业，并以此来增加全民所有制的财产。

《中国工业经济研究》（1987 年第 4 期）刊发周叔莲的《试论我国产业结构的合理化与产业政策》。文章认为，为了实现产业结构的合理化，我国产业政策应包括重视和改进计划工作，正确处理经济发展速度和产业结构的关系，控制投资规模、调整投资结构，增强企业尤其是大中型企业的活力，发展横向联合、建立企业集团，加强技术改造、促进技术进步，形成和完善市场体系，保护竞争、发挥经济杠杆和经济政策的作用，实行正确的消费政策，加强行业管理等十项内容。

《科技导报》（1987 年第 4 期）刊发吴敬琏的《改革战略的反思与抉择》。文章认为，为了加速改革的步伐，必须采取更加有力的措施，尽快形成可以保证改革全面出台时，不会发生严重通货膨胀的较为宽松的经济环境。从国际经验可以看出，发展中国家正处在从二元经济向现代经济转化时期的初期，无论在生产结构还是在经济体制方面，都不具备支持经济稳定高速成长的基础条件。因此，在进入高速成长阶段之前，需要经历一个为“起点”做准备的“助跑”时期。

《经济研究》(1987 年第 4 期)刊发赵人伟的《作为改革的方向和目标应是经济性分权和行政性分权的结合》。文章认为，企业自主权的扩大程度，是同竞争性市场体系的形成程度和发育程度相联系，并以后者为条件。

四、重要数据

1987 年 5 月 11 日，据《人民日报》报道，地方煤矿年产 4 亿多吨。

1987 年第一季度，净回笼货币 78.5 亿元，城乡储蓄存款增加 280 亿元。

五、作者观点

【国有企业普遍推广承包经营责任制】 1986 年，我国国有企业开始实行承包经营责任制试点。由于 1987 年第一季度经济出现滑坡，预算内工业企业成本比上年同期上升 5%，亏损面增 40%，财政收入下降 2.3%。为了防止经济下滑，1987 年 5 月，国务院决定在国有企业普遍推广承包经营责任制。在通过推广之后，据统计，截至 1987 年年底，在 11402 户国有大中型工业企业中，实行承包经营责任制的达 8843 户，占企业总数的 77.6%。但是，由于企业承包经营责任制成效不显著，到 1988 年夏天，国务院又回到了价格改革为主的做法上来。

国有企业普遍推广承包经营责任制，这是特定历史条件下的一种被迫的选择。然而，企业实行承包经营责任制之后，仍然不能摆脱政府附属物的地位，回避了产权界定和产权明晰化问题，企业还出现拼设备、拼资源消耗的短期行为。尽管承包制存在上述弊端，但在一定程度上调动了企业和职工的积极性。重要的是，它在一定程度上适应了经济体制改革的要求，也在一定程度上转换了企业的运行机制，为企业进一步地深化改革，以及向股份制转变，铺平了道路。

参考文献

[1]人民日报图文数据库(1946—2018)。

[2]王振川．中国改革开放新时期年鉴(1987)[M]．北京:中国民主法制出版社,2015:347 -438.

[3]中共中央政策研究室．中华人民共和国大事记(1949—2009)[M]．北京:人民出版社,2009:395 -396.

[4]黄孟复．中国民营经济史·大事记[M]．北京:社会科学文献出版社,2009:183.

[5]吴晓灵．中国金融改革大事记[M]．北京:中国金融出版社,2008:133 -134.

[6]高尚全．当前改革的主要任务和需要深入研究的问题[J]．经济体制改革,1987(2):6 -16.

[7]薛暮桥．关于深化企业管理体制改革的一点意见[J]．财政,1987(8):32 -33.

[8]周叔莲．试论我国产业结构的合理化与产业政策[J]．中国工业经济研究,1987(4):14 -24.

[9]吴敬琏．改革战略的反思与抉择[J]．科技导报,1987(4):16 -19.

[10]赵人伟．作为改革的方向和目标应是经济性分权和行政性分权的结合[J]．经济研究,1987(5):31 -32.

[11]厉以宁．大变局与新动力——中国经济下一程[M]．北京:中信出版集团,2017:29 -30.

[12]汪海波．中国国有企业改革的实践进程(1979—2003 年)[J]．中国经济史研究,2005(3):106 -107.

[13]李佐军．中国改革新思维——改出一个"人本市场经济"[M]．北京:电子工业出版社,2013:55.

中青年理论工作者与大学生对话“改革”（1987.06）

1987 年 6 月，国家体改委体改所几位中青年理论工作者和北京多位大学生对话“改革”，这场对话引起社会广泛关注。随后连续两天，《人民日报》对此进行了详细报道，好评如潮。这场对话，犹如“理论界吹来一股清新的风”，推动了改革理论研究与改革实际的结合，加强了改革在知识界、新闻界和老百姓之间的互动，增加了各方共识。

一、重要文件

1987 年 6 月 8 日，中共中央书记处农村政策研究室提出《关于稳定和完善土地承包制的意见》。针对当时土地承包管理中遇到的问题，就发包方和承包方，承包合同的性质及集体、社员的权利与义务，保护集体财产和个人财产都不受侵犯，土地的承包原则，合同约定的事项和变更、解除的条件，土地承包合同的管理单位等问题发表了意见，为各地在制定承包管理条例时提供参考。

1987 年 6 月 10 日，国务院同意并批转国家体改委、商业部、财政部联合发布《关于深化国营商业体制改革的意见》和《关于深化供销合作社体制改革的意见》。两个文件强调，国营商业和供销合作社的体制改革，是整个经济体制改革的重要组成部分，各级人民政府要精心指导，组织商业、供销部门切实抓好。

1987 年 6 月 23 日，六届人大常委会第二十一次会议通过《中华人民共和国技术合同法》。

1987 年 6 月，国务院发布《关于违反财政法规处罚的暂行规定》。

二、重大事件

1987 年 6 月 2 日，深圳经济特区第一家股份制银行——联合信用银行正式开业。

1987 年 6 月 17 日，中国人民保险公司黑龙江省分公司对大兴安岭森林火灾区受灾保险财产赔款兑现大会在漠河召开。此次赔款金额为 1.18 亿元，是中国保险业此前最大的保险赔付金额。

1987 年 6 月 26 日，中国汽车工业联合会成立。

三、重要论述

1987 年 6 月 2 日，厉以宁在“国民经济管理学”课程结束前回答北京大学经济学院各班干部专修班学员所提的问题时提到，“在非均衡条件下，价格调节的作用是有限的，指望通过价格改革来理顺经济关系不具有现实性。我国唯一可以选择的途径是先进行所有制改革，在所有制改革取得成就的基础上，使市场体系逐步趋于完善，同时，分阶段调整商品比价，最后着手全面的价格——工资体系的改革”。

《江汉论坛》(1987 年第 8 期) 刊发张卓元的《价格改革规律性探索》。文章认为，价格改革还必须和经济体制其他方面的改革，特别是计划体制、物资体制、金融体制、财政体制的改革相互配套。价格体制的改革是整个经济运行机制改革的核心，必须同所有制改革配合进行。

《中国工业经济研究》(1987 年第 6 期) 刊发刘国光的《中国所有制关系的改革》。文章认为，应在政策措施上把公有制经济和非公有制经济、国有企业和非国有企业置于同等地位，通过优胜劣汰的市场演化过程来决定各种所有制成分的数量界限。

四、重要数据

1987 年 10 月 28 日，根据各地海关对实际进出口货物的统计，1987 年上半年我对外贸易进出口额为人民币(下同)1320.14亿元,扣除汇率因素比1986年同期实际增长3.15%。其中,出口贸易额为621.05亿元,占我国进出口总额的47%,比1986年同期实际增长20.86%,进口贸易额为699.09亿元,占我国进出口总额的53%,比1986年同期实际下降8.73%。1987年上半年贸易逆差达78.04亿元,比1986年同期减少132.91亿元。

截至1987年6月底,全民所有制工业企业中实行厂长负责制的占同类企业总数的63.9%。这项改革已经从试点进入了全面实行的新阶段。

五、作者观点

【中青年理论工作者与大学生对话“改革”】 1987年1月,几家报纸杂志联合发起了“改革与社会经济发展知识竞赛”,其目的在于普及有关经济体制改革和社会经济发展的基本知识,让广大群众进一步理解改革、支持改革、参与改革。1987年5月,体改部门组织研究人员去高校座谈,搜集了150多个问题,认真研究。1987年6月,国家体改委体改所的几位中青年理论工作者与北大、清华、人大、北航的70多名研究生、本科生进行了一场“改革”对话,随后《人民日报》两天连载《没有改革就没有中国特色的社会主义——首都中青年理论工作者同大学生对话录》,人民日报出版社还出版了《中国经济改革200问》。当时就如“理论界吹来一股清新的风”,不仅加强了改革在知识界、新闻界和老百姓间的互动,增加了共识,也推动了改革理论研究与改革实际的结合。

参考文献

[1]人民日报图文数据库(1946—2018)。

[2]王振川. 中国改革开放新时期年鉴(1987)[M]. 北京:中国民主法制出版社,2015:439-532.

[3]中共中央政策研究室.[M]. 中华人民共和国大事记(1949—2009)[M]. 北京:人民出版社,2009:396.

[4]黄孟复. 中国民营经济史·大事记[M]. 北京:社会科学文献出版社,2009:183.

[5]吴晓灵. 中国金融改革大事记[M]. 北京:中国金融出版社,2008:134-135.

[6]中央财经领导小组办公室. 中国经济发展五十年大事记(1949.10—1999.10)[M]. 北京:人民出版社,1999:396.

[7]中国共产党大事记·1987年[EB/OL]. 中国共产党新闻网,http://cpc.people.com.cn/GB/64162/64164/4416137.html.

[8]贾康,刘薇. 构建现代治理基础——中国财税体制改革40年[M]. 广州:广东经济出版社,2017:365.

[9]吴敬琏,马国川. 中国经济改革二十讲[M]. 北京:生活·读书·新知三联书店,2012:235.

[10]吴敬琏. 当代中国经济改革[M]. 上海:上海远东出版社,2003:75.

[11]柳红. 八〇年代:中国经济学人的光荣与梦想[M]. 桂林:广西师范大学出版社,2010:379-385.

[12]李连贵. 1987年上半年我国对外贸易简况[J]. 国际贸易,1987(10):57-61.

[13]厉以宁. 中国经济改革的思路[M]. 北京:中国展望出版社,1989:315.

[14]张卓元. 价格改革规律性探索[J]. 江汉论坛,1987(8):3-9.

[15]刘国光. 中国所有制关系的改革[J]. 中国工业经济研究,1987(6):5-12.

[16]李佐军. 中国改革新思维——改出一个"人本市场经济"[M]. 北京:电子工业出版社,2013:56-57.

第一个企业集团内部的金融机构诞生
(1987.07)

1987年7月,我国第一个企业集团内部的金融机构,即东风汽车工业财务公司开业。这是我国企业体制改革和金融体制改革的产物,是我国产业资本和金融资本迈出融合的第一步,促进了金融与国民经济支柱产业的结合,是一次成功的尝试。

一、重要文件

1987年7月1日,海关总署发布《海关法行政处罚实施细则》。

1987年7月15日,农牧渔业部提出《关于完善乡村集体企业承包经营责任制的意见》。

1987年7月16日,国务院办公厅转发审计署《关于加强内部审计工作的报告的通知》。

1987年7月28日,国务院发布《全民所有制工业交通企业设备管理条例》。

1987年7月31日,国务院发布《国营企业劳动争议处理暂行规定》。

二、重大事件

1987年7月1日,监察部正式对外办公。

1987年7月2日,国务院批准在国家科技进步奖中增列"星火"奖。

1987年7月8日,国家体改委召开城市经济体制改革座谈会。会议讨论《经济体制改革的回顾和今后改革的基本思路》,以及完善企业承包经营责任制的若干问题。

1987 年 7 月 9 日，全国财政工作会议在京召开。

三、重要论述

《经济研究》(1987 年第 7 期) 刊发唐丰义等的《尽快使国有企业成为真正的法人企业——对国有企业改革的分析与探索》。文章认为，通过在国有企业建立全员财产责任制和相应外部约束条件的做法，可较快地把国有企业建成真正的法人企业。这种法人地位的确立，将会向产权的多元化、吸收社会资金的多渠道化、现有资产存量刚性的软化等方面打开一条自我选择的通道。

四、重要数据

1987 年 7 月 7 日，经国务院批准，全国又有 16 个市、县被列入外国人开放地区。至此，全国对外开放的市、县已达 452 个。

五、作者观点

【第一个企业集团内部的金融机构诞生】 在 20 世纪 80 年代，国家尝试实施“抓大放小”战略，对国有企业实施战略性改组。通过改组、改制、改造和兼并联合，国家培育出一批跨地区、跨行业和跨所有制的大企业和企业集团。1987 年 7 月，经中国人民银行总行批准，我国第一个企业集团内部的金融机构——东风汽车工业财务公司开业。这符合当时我国经济、金融体制的改革方向，促进了金融与国民经济支柱产业的结合，是一次成功的尝试。此后，根据国务院批转国家计委、国家体改委、国务院生产办公室《关于选择一批大型企业集团进行试点请示的通知》(国发〔1991〕71 号)，即国务院 1991 年 71 号文，一些大型企业集团，如中山、重汽、华能、锦江、一汽、四通等相继建立财务公司。企业集团内部财务公司的建立是我国企业体制改革和金融体制改革的产物，在增强国有大中型企业活力，盘活企业内部资金，增强企业集团融资能力，支持企业集团发展，促进产业结构和产品结构调整，以及探索具有中国特色的产业资本与金融资本融合，发挥了重要作用，是我国产业资本和金融资本迈出融合的第一步。

参考文献

[1]人民日报图文数据库(1946—2018)。

[2]王振川．中国改革开放新时期年鉴(1987)[M]．北京:中国民主法制出版社,2015:533－609.

[3]中共中央政策研究室．中华人民共和国大事记(1949—2009)[M]．北京:人民出版社,2009:397.

[4]吴晓灵．中国金融改革大事记[M]．北京:中国金融出版社,2008:136.

[5]中央财经领导小组办公室．中国经济发展五十年大事记(1949．10—1999．10)[M]．北京:人民出版社,1999:397.

[6]吴敬琏,马国川．中国经济改革二十讲[M]．北京:生活·读书·新知三联书店,2012:87.

[7]柳红．八〇年代:中国经济学人的光荣与梦想[M]．桂林:广西师范大学出版社,2010:381.

[8]周菁．我国企业集团财务公司管理制度的变迁[J]．浙江金融,2005(6):50－51.

[9]中国人民银行湖北省分行调研室．我国企业集团内的第一个金融机构——东风汽车工业财务公司[J]．中国金融,1988(3):50.

[10]黄仁真,李俊文．企业集团的金融纽带——财务公司[J]．中国金融,1988(4):39－40.

[11]唐丰义,杨沐,王玲玲,丁敬平,郑海航．尽快使国有企业成为真正的法人企业——对国有企业改革的分析与探索[J]．经济研究,1987(7):53－60.

[12]李佐军．中国改革新思维——改出一个"人本市场经济"[M]．北京:电子工业出版社,2013:56－57.

外贸体制改革由探索阶段进入整体推进阶段（1987.09）

1987年9月，国务院发布《关于批转对外经济贸易部一九八八年外贸体制改革方案的通知》，这是在经过两年充分酝酿和讨论的基础上产生的一个重要文件。从此，我国外贸体制改革由探索阶段进入整体推进阶段。

一、重要文件

1987年9月5日，六届人大常委会第二十二次会议通过《中华人民共和国大气污染防治法》。

1987年9月11日，国务院发布《中华人民共和国价格管理条例》。

1987年9月12日，国务院修订发布《中华人民共和国进出口关税条例》。

1987年9月21日，中国人民银行批复同意人民银行温州市分行制定的《温州市利率改革试行方案》，确定温州市作为全国利率改革试点城市。

1987年9月26日，中共中央、国务院发布《关于建立海南省及其筹建工作的通知》，决定将海南行政区从广东省划出来，筹建海南省。

二、重大事件

1987年9月1日，亚洲开发银行与中国人民银行签署关于亚洲开发银行向中国提供1亿美元贷款的备忘录。这是中国自1986年3月10日加入亚洲开发银行后，该组织首次向中国提供贷款。

1987年9月9日，深圳首次实行土地有偿使用的管理办法。中航深圳工贸中心以106万元人民币取得5300平方米土地的50年使用权。

1987年9月10日，我国当时最大的中外合作经营项目——平朔安太堡露天煤矿举行投产典礼。

1987年9月22—29日，全国计划会议和全国经济体制改革工作会议同时在北京召开，安排1988年国民经济和社会发展计划，讨论经济体制改革方案。

三、重要论述

《瞭望周刊》(1987年第41期)刊发刘国光的《中国价格改革的若干问题(下)》。文章认为，从改革战略上看，作为经济运行机制改革关键的价格改革和以财产关系和经营机制改革为主要内容的企业改革是经济体制改革的两条主线，两者相互依存、相互制约，不存在谁主谁次的问题。但从战术上看，在不同时期，要根据矛盾发展的不同情况和难易程度，有时着重从以价格改革为核心，从经济运行机制方面的改革入手，有时着重从以所有制关系和企业经营机制方面的改革入手，但同时必须相应地进行其他方面的配套改革，否则无论哪一方面单线条的改革都是难以取得实质性的成功。

四、重要数据

1987年9月12日，据《人民日报》报道，按照中共中央、国务院的部署，我国已在10个省、自治区建起14个规模不等、项目不同的农村改革试验区，开始进行把已有改革成果制度化和探索改革新路子为核心的实践。

五、作者观点

【外贸体制改革由探索阶段进入整体推进阶段】 外贸体制是经济体制的重要组成部分，是实现经济与国际接轨和建立社会主义市场经济体制的重要内容。我国外贸体制改革的历程，是逐渐破除计划外贸体制的过程，也是市场外贸体制逐渐形成、完善和成熟的过程。新中国成立以后到改革开放以前，我国采取的是国家统制型的保护贸易理论和政策，对外贸易的基本原则是自力更生。十一届三中全会以后，我国采取的是开放型的贸易理论和政策，把视野逐步从国内扩展到国际。1987 年 9 月，国务院发布《关于批转对外经济贸易部一九八八年外贸体制改革方案的通知》，这是在经过两年充分酝酿和讨论的基础上产生的一个重要文件。文件决定在轻工业品、工艺品、服装三个出口行业进行自主经营、自负盈亏试点改革，并确定实行出口退税、改革外汇留成与使用办法、改革出口经营体制、实行进口代理作价办法、完善承包经营责任制、改进外贸行政管理等一系列改革措施。从此，我国外贸体制改革由探索阶段进入整体推进阶段。

参考文献

[1]人民日报图文数据库(1946—2018)。

[2]王振川．中国改革开放新时期年鉴(1987)[M]．北京:中国民主法制出版社,2015:678 – 767.

[3]中共中央政策研究室．中华人民共和国大事记(1949—2009)[M]．北京:人民出版社,2009:396 – 398.

[4]吴晓灵．中国金融改革大事记[M]．北京:中国金融出版社,2008:138 – 138 – 139.

[5]中央财经领导小组办公室．中国经济发展五十年大事记(1949. 10—1999. 10)[M]．北京:人民出版社,1999:398.

[6]中国共产党大事记・1987 年[EB/OL]．中国共产党新闻网,http://cpc. people. com. cn/GB/64162/64164/4416137. html.

[7]吴晓波．激荡三十年:中国企业 1978—2008[M]．北京:中信出版集团,2017:235.

[8]邓力群,马洪,武衡．当代中国的经济体制改革[M]．中国社会科学出版社,1984:71.

[9]刘国光．中国价格改革的若干问题(下)[J]．瞭望周刊,1987(41):31 – 32.

[10]李佐军．中国改革新思维——改出一个“人本市场经济”[M]．北京:电子工业出版社,2013:57.

经济体制改革的指导思想不断深化
（1987.10）

1987年10月，中共十三大提出“国家调节市场，市场引导企业”的新经济运行机制。这一新机制设计，突破了以往计划和市场各分一块的框架，市场的作用得到强化，经济体制改革的指导思想不断深化。

一、重要文件

1987年10月13日，国务院发布《中华人民共和国公路管理条例》。

1987年10月20日，中共十二届七中全会在北京举行，会议上，原则同意《政治体制改革总体设想》。

1987年10月26日，国务院发布《广告管理条例》。

1987年10月30日，国务院发布《关于加强贫困地区经济开发工作的通知》。

二、重大事件

1987年10月13日，新中国成立之后的第一家典当商行成立。

1987年10月17日，国务院振兴汽车工业协调小组成立。

1987年10月22日，关贸总协定讨论恢复中国缔约国地位的工作小组举行会议。

1987年10月25日，中国共产党第十三次全国代表大会举行。

三、重要论述

《北京商学院学报》(1987 年第 3 期)刊发张卓元的《八年来价格改革的评价与展望》。文章认为,应着重抓好工业生产资料价格的改革,因为工业生产资料价格是基础价格,这方面价格理顺了,就为整个价格体系的理顺打下坚实的基础。此外,理顺工业生产资料价格,有助于为企业创造一个大体平等的竞争环境。

《人民日报》(1987 年 10 月 6—7 日)连续两天刊发三位年轻记者祝华新、曹焕荣和罗荣兴的长篇政治观察文章《中国改革的历史方位》《改革阵痛中的觉悟》,这是我国记者第一次站在全球化角度对我国的改革进行带有理性色彩的思考。

《河北学刊》(1987 年第 5 期)刊发厉以宁的《资源配置的"搅拌机假设"》。文章认为,市场调节经济运作有其局限性,在市场失效的情况下,还需要政府的第二次调节,以使资源配置得合理,以满足社会的需要。

四、重要数据

1987 年 10 月 9 日,我国农村建房千万间,8 年来,新建住宅 49 亿平方米,公共设施生产建筑近 9 亿平方米。

1987 年 10 月 19 日,《人民日报》报道,中国经济法制体系正在形成。8 年来,新制定的 500 多项法律和法规中,经济立法占 70% 以上。

五、作者观点

【经济体制改革的指导思想不断深化】 改革开放以来,我国经济体制改革的指导思想经历了一个不断深化的过程。"罗马不是一天建成的"。社会主义与市场经济的有机结合经历了一个艰苦的从理论到实践的长期探索过程。1979 年,五届人大二次会议通过的《政府工作报告》明确提出"以计划调节为主,同时充分发挥市场调节的作用",成为改革开放初期我国经济体制改革的指导思想。1982 年,中共十二大提出"计划经济为主,市场调节为辅"。1984 年,党的十二届三中全会通过的《中共中央关于经济体制改革的决定》,突破了思想禁锢,重新阐释商品经济、价值规律的重要意义,从意识形态的高度,肯定了商品经济存在的合理性。1985 年,中共十二届三中全会提出"有计划的商品经济",第一次在党的正式文件中明确社会主义经济是商品经济。1987 年 10 月,党的十三大把社会主义有计划商品经济的新体制界定为计划和市场内在统一的体制,并提出了"国家调节市场,市场引导企业"的经济运行模式。新机制的设计突破了以往计划和市场各分一块的框架,提出社会主义有计划商品经济体制应该是计划与市场内在统一的体制,市场的作用得到强化。随着对政府和市场作用认识的不断深化,我国经济领域的各项改革也逐步推进。社会主义与市场经济有机结合的演进过程,既是改革逐步深化、全面铺开的过程,也是包容型智慧作为改革哲学的展开过程。

参考文献

[1]人民日报图文数据库(1946—2018)。

[2]王振川. 中国改革开放新时期年鉴(1987)[M]. 北京:中国民主法制出版社,2015:768 - 868.

[3]黄孟复. 中国民营经济史·大事记[M]. 北京:社会科学文献出版社,2009:183.

[4]中共中央政策研究室. 中华人民共和国大事记(1949—2009)[M]. 北京:人民出版社,2009:398 - 399.

[5]吴晓灵. 中国金融改革大事记[M]. 北京:中国金融出版社,2008:138 - 139,141.

[6]中央财经领导小组办公室. 中国经济发展五十年大事记(1949. 10—1999. 10)[M]. 北京:人民出版社,1999:398 - 399.

[7]中国共产党大事记·1987 年[EB/OL]. 中国共产党新闻网,http://cpc. people. com. cn/GB/64162/64164/4416137. html.

[8]吴晓波. 激荡三十年:中国企业 1978—2008[M]. 北京:中信出版集团,2017:245.

[9]柳红. 八〇年代:中国经济学人的光荣与梦想[M]. 桂林:广西师范

大学出版社,2010:354,385,400.

[10]吴敬琏,马国川. 中国经济改革二十讲[M]. 北京:生活·读书·新知三联书店,2012:88,217.

[11]徐平华. 政府与市场:看得见的手与看不见的手[M]. 北京:新华出版社,2014:86-87.

[12]李拯. 中国的改革哲学[M]. 北京:中信出版集团,2018:63,65-66.

[13]牧云. 让思想插上翅膀——与罗荣兴、曹焕荣、祝华新一席谈[J]. 中国记者,1987(12):25-26.

[14]十亿同胞,在一条船上——人民日报《中国改革的历史方位》等两文引起读者共鸣[J]. 新闻战线,1987(11):18-20.

[15]曲长缨,张国梁. 新题材新文风新思——访人民日报记者罗荣兴,曹焕荣,祝华新[J]. 新闻战线,1987(12):13-14.

[16]李振华. 国家调节市场,市场引导企业与完善市场体系[J]. 吉林财贸学院学报,1988(12):51-55.

[17]陈集杰. 论我国经济体制改革的理论基础和指导思想[J]. 大连轻工业学院学报,1987(12):1-5.

[18]程可晖,张新华. 三个三中全会对改革的历史贡献[J]. 探索,1988(12):7-10,18.

[19]厉以宁. 资源配置的"搅拌机假设"[J]. 河北学刊,1987(5):91-96.

[20]张卓元. 八年来价格改革的评价与展望[N]. 北京商学院学报,1987(3):19-26.

[21]李佐军. 中国改革新思维——改出一个"人本市场经济"[M]. 北京:电子工业出版社,2013:57.

揭开国有土地使用制度改革的序幕
(1987.11)

1987年11月,深圳通过公开招标形式对一块商品房用地的土地使用权进行出让,揭开了国有土地使用制度改革的序幕。这是中国土地使用制度的根本性改革,打破了土地长期无偿、无限期、无流动、单一行政手段的划拨制度,创立了以市场手段配置土地的新制度。

一、重要文件

1987年11月14日,中共中央政治局第一次全体会议通过《十三届中央政治局工作规则(试行)》等文件。

1987年11月24日,六届人大常委会第二十三次会议通过《中华人民共和国村民委员会组织法(试行)》《全国人民代表大会常务委员会议事规则》。

1987年11月30日,中国人民银行上海市分行发布《企业短期融资券管理暂行办法》,这是全国第一个短期融资券管理办法。

二、重大事件

1987年11月3日,联合国向袁隆平颁发科学奖。

1987年11月12日,《人民日报》报道,江苏省大丰县被确定为全国第一个生态规划县。

1987年11月12日,肯德基在中国的第一家餐厅在北京前门正式开业。

1987年11月16日,经国家经委、国家体改委、国家计委批准,我国第一家股份集团——中国嘉陵工业股份公司(集团)成立。该集团是一个军民结合型的股权式企业。

1987年11月26日,深圳首次有偿出让土地使用权。

1987年11月28日,全国财政工作会议在北京召开。

1987年11月,经中国人民银行批准,五家金融租赁公司先后成立。这五家公司分别是:中国对外贸易租赁公司、浙江省租赁有限公司、中国电子租赁有限公司、广东省国际租赁公司、中国租赁有限公司,其主要业务是办理固定资产租赁和转租赁。

1987年11月,国务院批准了国家土地管理局等部门的报告,确定在深圳、上海、天津、广州、厦门、福州进行土地使用制度改革试点。

三、重要论述

《经济研究》(1987年第11期)刊发吴敬琏的《关于宏观经济问题的分歧——答张学军同志》,文章认为,任何一种经济体系,只有在它的各个组成环节相互衔接的情况下,才能正常运转,实现有效地配置资源的功能。因此,目前这种双重体制胶着对峙、价格"双重扭曲"、市场形成严重滞后的状态,已经在经济上乃至政治上造成种种不利的后果,是不能长期延续、久拖不决的。

《经济研究》(1987年第11期)刊发戴园晨的《从理想的理论回到现实的理论——学习党的十三大报告后对政治经济学理论的思考》。文章认为,个体经济在经济生活中所能起的作用并不是别的经济形式所能替代的;个体经济是自食其力的经济,不存在必须加以消灭的论据。私营经济可以为公有制经济树立一个竞争对手,以活跃市场满足人民多方面的需求,并促进公有制经济的体制改革和管理人才的成长。

四、重要数据

1987年11月8日,新华社报道,中国计划经济模式在改革的九年中发生了深刻变化,高度集中的计划经济在经济生活中所占的比重已由九年前的100%变为现在的50%左右。

1987 年 11 月 11 日，国家统计局发布手工汇总的《1987 年全国 1% 人口抽样调查主要数字公报》。根据这次人口抽样调查，结合前几年的调查数据，经推算，1987 年 7 月 1 日零时，大陆人口总数为 107233 万人。同第三次人口普查相比，五年间增加了 6415 万人，平均每年增加 1283 多万人。

1987 年 11 月 27 日，我国城市物资贸易中心已有 386 个。

五、作者观点

【揭开国有土地使用制度改革的序幕】　土地使用制度改革是我国社会主义经济体制改革的重要组成部分。长期以来，我国土地实行长期无偿、无限期、无流动、单一行政手段的划拨制度。法律明确规定土地不能买卖。从 20 世纪 80 年代起，我国开始进行土地管理制度的改革，主要从土地行政管理制度和土地使用制度两方面进行改革。1986 年，国家通过《土地管理法》，成立了国家土地管理局，标志着我国土地管理工作开始纳入依法管理的轨道，实现了全国城乡土地统一管理制度，土地管理法律法规体系的框架初步形成，土地利用开始走向有序轨道。1987 年 4 月，国务院提出土地使用权可以有偿转让。同年 11 月，国务院批准了国家土地管理局等部门的报告，确定在深圳、上海、天津、广州、厦门、福州六个城市进行土地使用制度改革试点。同年 9 月和 11 月，深圳分别通过协议和公开招标形式对两块商品房用地的土地使用权进行出让，揭开了国有土地使用制度改革的序幕。这是中国土地使用制度的根本性改革，打破了土地长期无偿、无限期、无流动、单一行政手段的划拨制度，创立了以市场手段配置土地的新制度。

参考文献

[1]人民日报图文数据库(1946—2018)。

[2]王振川. 中国改革开放新时期年鉴(1987)[M]. 北京:中国民主法制出版社,2015:869 - 939.

[3]黄孟复. 中国民营经济史 · 大事记[M]. 北京:社会科学文献出版社,2009:183 - 184.

[4]中共中央政策研究室. 中华人民共和国大事记(1949—2009)[M].

北京：人民出版社，2009：400.

［5］吴晓灵．中国金融改革大事记［M］．北京：中国金融出版社，2008：138－141－142.

［6］中央财经领导小组办公室．中国经济发展五十年大事记（1949. 10—1999. 10）［M］．北京：人民出版社，1999：299.

［7］中国共产党大事记·1987年［EB/OL］．中国共产党新闻网，http://cpc. people. com. cn/GB/64162/64164/4416137. html.

［8］吴晓波．激荡三十年：中国企业1978—2008［M］．北京：中信出版集团，2017：239.

［9］李宇嘉．第三次土地改革为何在深圳发生［J］．中国房地产，2012（8）：13－16.

［10］土地拍卖敲响神州第一槌［N］．中国商报，2000－08－08.

［11］邓鸿璋．深化地改再创辉煌［J］．湖南经济，1995（3）：4－6.

［12］戴园晨．从理想的理论回到现实的理论——学习党的十三大报告后对政治经济学理论的思考［J］．经济研究，1987（11）：5－12.

［13］吴敬琏．关于宏观经济问题的分歧——答张学军同志［J］．经济研究，1987（11）：50－54.

［14］李佐军．中国改革新思维——改出一个“人本市场经济”［M］．北京：电子工业出版社，2013：59.

一次西部改革与发展问题的大讨论
（1987. 12）

1987 年 12 月，一场主题为“发展问题——东西部中青年学术对话”的全国性学术研讨会在贵州召开。这是我国改革开放进程中的重要事件之一，是欠发达地区中青年理论工作者与发达地区的同行，就西部改革与发展问题进行的深入探讨和观点交锋。

一、重要文件

1987 年 12 月 4 日，国家科委颁布《关于科技人员业余兼职若干问题的意见》。

1987 年 12 月 11 日，国家工商行政管理局发布《关于处理个体、合伙经营及私营企业领有集体企业营业执照问题的通知》。

1987 年 12 月 13 日，国务院批准《金融机构代客办理即期和远期外汇买卖管理规定》。

1987 年 12 月 21 日，国务院批转国家计委《关于征收电力建设资金的暂行规定》。

二、重大事件

1987 年 12 月 1 日，深圳举行首次土地使用权的公开拍卖。

1987 年 12 月 1 日，烟台住房储蓄银行开业，这是我国第一家住房储蓄银行。

1987 年 12 月 10 日，全国铁路系统的 12 个铁路局全部实行“投入产出、以路养路”的大包干经营承包责任制。

1987 年 12 月 16 日，中共中央政治局第二次全体会议讨论并原则同意关于党中央、国务院机构改革方案。

1987 年 12 月 30 日，国务院召开全体会议，部署 1988 年工作。

三、重要论述

《金融时报》（1987 年 12 月 3 日）刊发厉以宁的《深化改革的重点是公有制形式的改革》。作者所说的“所有制改革”，是指将规范化的“股份制”和非规范化的“承包制”这两种形式结合起来，通过“先包后股”“先股后包”“又股又包”或“只股不包”的办法，把国有企业改造成为“真正自负盈亏的公有制企业”。

四、重要数据

根据国家统计局统计 1987 年国内生产总值 11962. 5 亿元，比 1986 年增长 11. 6%，其中，第一产业增长 4. 7%，第二产业增长 13. 7%，第三产业增长 14. 4%。全社会固定资产投资 3791. 2 亿元，其中，国有单位完成基本建设投资 1343. 10 亿元。全国财政收入 2199. 35 亿元，比 1986 年增长 3. 6%；财政支出 2262. 18 亿元，比 1986 年增长 2. 6%。1987 年社会商品零售总额 5820. 0 亿元，商品零售价格指数比 1986 年增长 7. 3%。全国进出口贸易总额 3084. 2 亿元，其中，出口 1470. 0 亿元，进口 1614. 2 亿元，入超 144. 2 亿元。城镇居民家庭人均可支配收入 1002. 20 元，农村居民家庭人均纯收入 462. 55 元。

1987 年 12 月，据国家统计局统计，28 个省、自治区、直辖市的国营工业企业中，已实行厂长负责制的企业占 68%；大中型国营工业企业中，实行多种形式的承包经营责任制的占 82%。

据统计，截至 1987 年年底，全国登记注册的个体工商户共有 1372. 5 万户，从业人员达 2158. 3 万人，注册资金为 236 亿元，1987 年实现营业额 1034. 4 万元。

五、作者观点

【一次西部改革与发展问题的大讨论】 随着我国改革开放的推进，东西部发展差距扩大。据统计，“六五”期间（1980—1985 年），我国东西部的差距又扩大了一倍。五年中差距拉大的速度超过前 30 年。1987 年 12 月 9—15 日，“发展问题——东西部中青年学术对话”在贵州召开这是一次全国性学术研讨会。对话会的主题是发展，因此，与会者围绕这个主题深刻地分析了贵州和西部地区的经济、文化和社会发展现状，揭示了东西部发展不平衡、差距不断拉大的现实，并从多学科、多层次、多角度，将宏观、中观、微观相结合，长期战略与短期决策相联系，理论探索与实际操作相融合，对发达地区与欠发达地区进行了比较研究，提出了中国改革与发展过程中的区域发展差距问题。这次对话会，是我国改革开放进程中的一次重要讨论会，是欠发达地区中青年理论工作者与发达地区的同行，就西部改革与发展问题进行的深入探讨和观点交锋。

参考文献

[1]人民日报图文数据库（1946—2018）。

[2]王振川．中国改革开放新时期年鉴（1987）[M]．北京：中国民主法制出版社，2015：940 - 1007.

[3]黄孟复．中国民营经济史·大事记[M]．北京：社会科学文献出版社，2009：184 - 185.

[4]中共中央政策研究室．中华人民共和国大事记（1949—2009）[M]．北京：人民出版社，2009：400 - 401.

[5]吴晓灵．中国金融改革大事记[M]．北京：中国金融出版社，2008：138 - 142 - 143.

[6]中央财经领导小组办公室．中国经济发展五十年大事记（1949. 10—1999. 10）[M]．北京：人民出版社，1999：400 - 401.

[7]中国共产党大事记·1987 年[EB/OL]．中国共产党新闻网，http://cpc. people. com. cn/GB/64162/64164/4416137. html.

[8]吴敬琏．当代中国经济改革[M]．上海:上海远东出版社,2003:75.

[9]厉以宁．深化改革的重点是公有制形式的改革[N]．金融时报,1987-12-03.

[10]高宁．"东西部中青年学术对话"补遗[J]．贵州文史,2010(8):64-66.

[11]西部地区经济发展研究小组．我国西部地区经济发展的若干问题[J]．贵州社会科学,1988(5):6-12.

[12]土地拍卖敲响神州第一槌[N]．中国商报,2000-08-08.

[13]柳红．八〇年代:中国经济学人的光荣与梦想[M]．桂林:广西师范大学出版社,2010:466,472-475.

[14]李佐军．中国改革新思维——改出一个"人本市场经济"[M]．北京:电子工业出版社,2013:59.

住房制度改革进入整体方案设计和全面试点阶段
（1988.01）

1988年被誉为是“资本的苏醒”的一年，也是我国自1950年以来物价上涨幅度最大的一年。1月，国务院召开“第一次全国住房制度改革工作会议”，会议决定，从1988年开始，住房制度改革要在全国分期分批展开，标志着住房制度改革进入整体方案设计和全面试点阶段。

一、重要文件

1988年1月1日，国务院发布《国务院关于沿海地区发展外向型经济的若干补充规定》。

1988年1月9日，国家工商行政管理局发布《商标法实施细则》。

1988年1月9日，中共中央政治局在北京召开第三次全体会议，讨论并原则同意修改后的《全民所有制工业企业法（草案）》。

1988年1月11日，国务院发布《重要生产资料和交通运输价格管理暂行规定》。

1988年1月15日，国务院办公厅转发国家科委《关于科技人员业余兼职若干问题的意见》。

1988年1月20日，对外经济贸易部发布《技术引进合同管理条例实施细则》。

二、重大事件

1988 年 1 月 10 日，成都出现新中国成立以后的首家当铺——华茂典当服务商行。

1988 年 1 月 26 日，国务院批准福建省沿海经济开放区范围由原来的 11 个县（区）增加至 30 个县（区）。

1988 年 1 月 18—26 日，全国农业工作会议在北京召开。

1988 年 1 月 29 日，中国建设银行宣布，为改革基本建设资金管理，经国务院批准从 1988 年，实行中央基本建设基金制。这是我国基本建设投资继投资包干、“拨改贷”之后的又一重大改革。

1988 年 1 月，国务院提出沿海地区经济发展战略，即利用沿海地区优势，发展劳动密集型产业和外向型经济，抓住国际市场正在进行的又一次大的产业结构调整的机遇，有领导有计划有步骤地走向国际市场。其核心是“两头在外，大进大出”。

三、重要论述

《改革》（1988 年第 1 期）刊发高尚全的《探索有中国特色的社会主义商品经济体制》。文章认为，我国经济体制改革正处于从浅层次改革向深层次改革的发展阶段。改革新阶段的特点，一是两种体制、机制、管理方法并存；二是由放权让利为主的浅层改革转向理顺基本经济关系、调整经济利益的深层改革；三是单项改革转为整体配套改革。新经济体制应在企业经营机制、市场体系、宏观调控体系、对外开放等方面取得突破。

《改革》（1988 年第 1 期）刊发吴敬琏等的《推进经济体制改革的一种整体设想》。文章认为，摆脱目前僵持局面的出路在于，在整体性考虑和系统性设计的指导下，加快同步配套改革。第一步是环境治理，短时间内把总需求继续膨胀的势头控制住，造成相对宽松的环境。第二步是在此基础上，走出决定性的一步，进行以价格、税收、财政、金融为重点，投资、外汇、外贸等方面的体制改革和政策调整相配合，相应地抓好企业内部组织体系和宏观调节机构的建设，理顺基本经济关系。

《改革》(1988 年第 1 期)刊发厉以宁的《分层次管理与二次调节》。文章认为,社会主义市场体系从不完善到逐步完善是一个较长的过程。中央政府和地方政府在完善市场体系方面有不同的作用,但它们的任务是相同的,即都应当致力于消除对商品和资金在各地区之间流动的限制,保护市场竞争,促使各种市场彼此协调配合。

四、重要数据

1988 年 1 月 4 日,据新华社报道,自 1979 年以来,我国城镇新型集体企业已有 23.5 万家,从业人员 1200 万人,年生产经营额达 600 亿元。

五、作者观点

【住房制度改革进入整体方案设计和全面试点阶段】 住房是人类最基本的需求之一,是关系国计民生的重大经济问题和社会问题。住房制度改革是我国经济体制改革的重要组成部分,是提高社会福利水平的重要途径。改革开放以来,与其他各项改革一样,住房制度改革也是在探索中不断前进,在调整中逐步展开。我国住房制度经历了几次重大转变。新中国成立之初,我国实施“统一管理、统一分配、以租养房”的公有住房实物分配制度。20 世纪 80 年代初开始了以“公房出售”为主要内容的住房制度改革。其目的是以售房代替租房,给企业甩包袱。随着经济发展和城镇居民人口的不断增加,公房福利分配的弊端不断显现。1980 年 6 月,中共中央、国务院批转《全国基本建设工作会议汇报提纲》,这是中国住宅商品化改革的开始。通过在部分城市搞试点的方式,由企业、个人和政府各承担房价的 1/3(即“三三制”),鼓励职工自主购房。1986 年,国务院成立了“国务院住房制度改革领导小组”,下设办公室,负责领导和协调全国的房改工作。1988 年 1 月,国务院召开了“第一次全国住房制度改革工作会议”,会议决定,从 1988 年开始,住房制度改革要在全国分期分批展开,标志着住房制度改革进入整体方案设计和全面试点阶段。

参考文献

[1]人民日报图文数据库(1946—2018)。

[2]王振川．中国改革开放新时期年鉴(1988)[M]．北京:中国民主法制出版社,2015:1－75.

[4]中共中央政策研究室．中华人民共和国大事记(1949—2009)[M]．北京:人民出版社,2009:402－404.

[5]吴晓灵．中国金融改革大事记[M]．北京:中国金融出版社,2008:138－144－146.

[6]中央财经领导小组办公室．中国经济发展五十年大事记(1949. 10—1999. 10)[M]．北京:人民出版社,1999:402－403.

[7]中国共产党大事记·1988年[EB/OL]．中国共产党新闻网,http://cpc. people. com. cn/GB/64162/64164/4416138. html.

[8]中国共产党80年大事记·1988年[EB/OL]．人民网,http://www. people. com. cn/GB/shizheng/252/5580/5581/20010612/487255. html.

[9]王振霞．中国住房制度改革40年:回顾与反思[J]．财经智库,2018(2).

[10]高尚全．探索有中国特色的社会主义商品经济体制[J]．改革,1988(1):50－56,198－199.

[11]吴敬琏,周小川,楼继伟,李剑阁,刘力群,石小敏．推进经济体制改革的一种整体设想[J]．改革,1988(1):69－79,200－201.

[12]厉以宁．分层次管理与二次调节[J]．改革,1988(1):80－84.

[13]李佐军．中国改革新思维——改出一个“人本市场经济”[M]．北京:电子工业出版社,2013:60.

修宪为非公有制经济发展奠定《宪法》基础
(1988.02)

1988 年 2 月,中共中央向全国人大常委会提出修改《宪法》个别条款的建议。这是我国对所有制结构认识过程中迈出的至为珍贵的一步,为非公有制经济发展奠定了基础,为公有制经济和非公有制经济的共同发展开辟了广阔的道路。

一、重要文件

1988 年 2 月 23 日,国务院发布《国务院关于严格控制社会集团购买力压缩开支的紧急通知》。

1988 年 2 月 25 日,国务院印发《关于在全国城镇分期分批推行住房制度改革的实施方案》。

1988 年 2 月 27 日,国务院批准国家体改委《1988 年深化经济体制改革的总体方案》。主要任务是:按照发展社会主义商品经济的总目标,以落实和完善企业承包经营责任制,深化企业经营机制改革为重点;同时,改革计划、投资、物资、外贸、金融、财税体制和住房制度,加强对固定资产投资、消费基金和物价的管理,更好地促进国民经济持续稳定增长。

1988 年 2 月 27 日,国务院发布《全民所有制工业企业承包经营责任制暂行条例》。

二、重大事件

1988年2月6日，中共中央政治局召开第四次会议强调：1988年的经济工作，要全面理解和正确掌握进一步稳定经济、进一步深化改革的方针，以改革总揽全局。会议还决定，把沿海经济发展作为一项重大战略加以部署。

1988年2月9日，全国企业承包经营责任制座谈会在北京召开。

1988年2月25日，中共中央办公厅调研室牵头，对“中关村电子一条街”调查所形成的报告建议：国家建立中关村新技术产业开发区或科学工业园区。

1988年2月27日，中央书记处农村政策研究室改为中央农村政策研究室。

1988年2月28日，中共中央向全国人大常委会提出修改《宪法》个别条款的建议，允许私营经济在法律规定范围内存在和发展；土地的使用权可以依照法律的规定转让。

三、重要论述

《改革》(1988年第2期)刊发杜润生的《论沿海地区外向型发展战略》。文章认为，在沿海地区逐步推行外向型发展战略，是一项把开放政策与利用劳动力资源优势联结起来的战略，对进一步贯彻落实对外开放方针，具有全局性的意义。

《改革》(1988年第2期)刊发刘鸿儒的《中国金融体制改革进程》。文章认为，金融体制改革的重点是：发展金融市场、推进专业银行企业化和建立、完善以间接调控为主的金融宏观调控体系。金融市场的形成是中心环节。搞活金融企业是基础。要考虑到与企业经营机制、投资、外资、物资、财税等项改革措施协调配套。

《改革》(1988年第2期)刊发中国经济体制改革研究所改革总体规划课题组的《今后八年经济改革的思路》。中国社会科学院“体制改革纲要”课题组提出，“稳中求进”、渐次逼近发育健全、运行合理的有计划商品经济的目标模式。中共中央党校教授王珏提出，以搞活国有大中型企业为中心，波浪式推进市场和宏观调节方式的配套改革，奠定“国家调节市场，市场引导企业”的基本框架。中国经济体制改革研究所改革总体规划课题组提出，以推进承包制和划分产权为主，进行全面改革，实现宏观经济的间接控制。

四、重要数据

1988年2月3日，1988年计划发行国库券90亿元。

1988年2月9日，国产汽车创纪录，1987年达44.5万辆。

1988年2月15日，50万企业、6000万家庭入保。

五、作者观点

【修宪为非公有制经济发展奠定《宪法》基础】《宪法》规定经济制度是我国社会主义《宪法》的基本特征之一。我国现行《宪法》以1982年《宪法》为基础。我国《宪法》对非公有制经济的规定经历了一个不断深化的过程。1982年《宪法》确认个体经济是我国经济的必要补充。1987年，党的十三大在阐述社会主义初级阶段理论的前提下，进一步深化了党对社会主义初级阶段所有制结构的认识，首次把私营经济当作社会主义经济的补充正式写进了党的文件。为了将党的政策法律化，1988年2月，中共中央向全国人大常委会提出修改《宪法》个别条款的建议，“允许私营经济在法律规定范围内存在和发展”，“土地的使用权可以依照法律的规定转让”。此次《宪法》修改，把私营经济作为社会主义公有制经济必要的和有益的补充。这是我国对所有制结构认识过程中迈出的至为可贵的一步，说明非公有制经济在社会主义初级阶段的基本经济制度中的地位日益重要，在经济社会发展中的作用越发突出。此次修宪为非公有制经济发展奠定了《宪法》基础，并为公有制经济和非公有制经济的共同发展开辟了广阔的道路。

参考文献

[1]人民日报图文数据库(1946—2018)。

[2]王振川. 中国改革开放新时期年鉴(1988)[M]. 北京:中国民主法制出版社,2015:76－148.

[3]中共中央政策研究室．中华人民共和国大事记(1949—2009)[M]．北京:人民出版社,2009:404－405.

[4]吴晓灵．中国金融改革大事记[M]．北京:中国金融出版社,2008:138－146－147.

[5]中央财经领导小组办公室．中国经济发展五十年大事记(1949. 10—1999. 10)[M]．北京:人民出版社,1999:403－404.

[6]黄孟复．中国民营经济史·大事记[M]．北京:社会科学文献出版社,2009:186.

[7]中国共产党大事记·1988 年[EB/OL]．中国共产党新闻网,http://cpc. people. com. cn/GB/64162/64164/4416138. html.

[8]中国共产党 80 年大事记·1988 年[EB/OL]．人民网,http://www. people. com. cn/GB/shizheng/252/5580/5581/20010612/487255. html.

[9]法制日报评论员．为发展非公有制经济提供可靠的宪法保障[N]．法制日报,2004－04－08.

[10]杜润生．论沿海地区外向型发展战略[J]．改革,1988(2):15－18,198.

[11]刘鸿儒．中国金融体制改革进程[J]．改革,1988(2):19－24,198.

[12]王珏．未来八年经济体制改革构想[J]．改革,1988(2):47－53+197－198.

[13]杨启先．对近期经济体制改革的思考[J]．改革,1988(2):54－59+197－199.

[14]中国经济体制改革研究所改革总体规划课题组．今后八年经济改革的思路[J]．改革,1988(2):60－66+197+199.

[15]李佐军．中国改革新思维——改出一个“人本市场经济”[M]．北京:电子工业出版社,2013:60.

"物价闯关"行动从最大的工业城市上海开始
(1988.03)

1988年3月,上海率先调整280种商品的零售价,"物价闯关"行动由此展开,这一调价政策迅速波及全国,引致商品抢购和银行挤兑风潮。同年10月,中共中央迅速作出决策,果断中止"物价闯关",开始调整政策,提出"宏观调控,治理整顿"的方针,迅速平抑了物价、稳定了社会,为我国之后的改革提供了若干宝贵经验。

一、重要文件

1988年3月18日,国务院发布《关于扩大沿海经济开放区范围的通知》,决定适当扩大沿海经济开放区。新划入沿海经济开放区140个市、县,包括杭州、南京、沈阳等省会城市,人口增加到1.6亿。

1988年3月23日,国务院发布《关于沿海地区发展外向型经济的若干补充规定》。

1988年3月25日,中国人民银行印发《一九八八年深化信贷资金管理体制改革的意见》。

1988年3月25日,第七届全国人民代表大会第一次会议在北京举行。

1988年3月28日,中国人民银行会同财政部发布《关于开放国库券转让市场试点的通知》。

二、重大事件

1988 年 3 月 8 日，全国首家房屋拍卖行——上海房屋拍卖行正式成立。

1988 年 3 月 11 日，经国务院批准，中国农村信托投资公司成立。

1988 年 3 月 13 日，国务院对现行外贸体制进行重大改革。新的外贸体制改革方案的基本内容是，全面推行对外贸易承包经营责任制，主要由各省、自治区、直辖市及计划单列市向国家承包上缴国家外汇的任务和经济效益指标。

1988 年 3 月，“物价闯关”行动从上海开始。

1988 年 3 月，为进一步加强政府人事工作，更好地推行公务员制度，中央决定成立国家人事部。人事部的成立标志着国家公务员制度开始向实施阶段过渡。

三、重要论述

《财贸经济》(1988 年第 2 期)刊发张卓元和刘溶沧的《稳定经济和深化改革的双向协同构想》。文章认为，把稳定、改革、发展三者有机地结合起来，稳定为了改革，改革为了发展，发展又要考虑到稳定和改革两方面的需要。

《经济纵横》(1988 年第 3 期)刊发杨启先的《关于深化企业改革问题》。文章认为，企业推行承包经营责任制需要处理好五个方面的问题。一是承包经营者的确定，必须同人才选拔制度的改革结合起来；二是承包经营目标的确定，必须同技术进步和结构调整相结合；三是承包经营内容的确定，必须同逐步建立企业自我约束的机制相结合；四是承包经营形式的确定，必须与今后深化改革可能出台的措施相结合；五是实行承包经营责任制，必须同完善企业内部管理制度的改革相结合。

四、重要数据

1988 年 3 月 25 日，第七届全国人民代表大会第一次会议政府工作报告提出，在第八个五年计划中，要使国民生产总值达 15500 亿元，平均每年增长 7.5%左右。

五、作者观点

【“物价闯关”行动从最大的工业城市上海开始】 价格是整个国民经济的指示器和调节器。物价问题,是我国经济发展和体制改革中最敏感、最突出的问题,也是老百姓日常工作生活中议论最多的话题。在 20 世纪 80 年代,我国开启价格改革的航程,很多商品实行牌价与议价并行的价格双轨制。1987 年,我国出现通货膨胀,到 1988 年春天已经非常严重,各方面对物价上涨反应比较强烈,价格双轨制的副作用逐渐显现。与此同时,国际环境正在朝自由市场主义的方向快速转型。一种影响广泛的思想是:放开价格管制,“一下砍掉就行了,长痛不如短痛”。随后,“物价闯关”行动从最大的工业城市上海开始。1988 年 3 月,上海调整 280 种商品的零售价,这些商品大都属于小商品或日常生活必需品,涨价幅度在 20% ~30% 之间。这一调价政策迅速波及全国,引致商品抢购和银行挤兑风潮。同年 10 月,中共中央迅速做出决策,果断中止“物价闯关”,开始调整政策,提出“宏观调控,治理整顿”的方针,迅速平抑了物价、稳定了社会,为我国之后的改革提供了若干宝贵经验。

参考文献

[1]人民日报图文数据库(1946—2018)。

[2]王振川. 中国改革开放新时期年鉴(1988)[M]. 北京:中国民主法制出版社,2015:149 -262.

[3]中共中央政策研究室. 中华人民共和国大事记(1949—2009)[M]. 北京:人民出版社,2009:405 -406.

[4]吴晓灵. 中国金融改革大事记[M]. 北京:中国金融出版社,2008:138 -147 -150.

[5]中央财经领导小组办公室. 中国经济发展五十年大事记(1949. 10—1999. 10)[M]. 北京:人民出版社,1999:404 -405.

[6]黄孟复. 中国民营经济史 · 大事记[M]. 北京:社会科学文献出版社,2009:186 -187.

[7]中国共产党大事记·1988 年[EB/OL]. 中国共产党新闻网,http://cpc. people. com. cn/GB/64162/64164/4416138. html.

[8]中国共产党 80 年大事记 · 1988 年[EB/OL]. 人民网,http://www. people. com. cn/GB/shizheng/252/5580/5581/20010612/487255. html.

[9]吴晓波. 激荡三十年:中国企业 1978—2008[M]. 北京:中信出版集团,2017:265.

[10]刘伟.1988 年中国“物价闯关”研究[D]. 北京:中共中央党校,2011:2.

[11]刘伟. 中国特色社会主义经济发展道路探索——以 20 世纪 80 年代末果断中止“物价闯关”为例[J]. 重庆社会科学,2018(5):84-88.

[12]张卓元,刘溶沧. 稳定经济和深化改革的双向协同构想[J]. 财贸经济,1998(2):5-10.

[13]杨启先. 关于深化企业改革问题[J]. 经济纵横,1988(5):1-7.

[14]李佐军. 中国改革新思维——改出一个“人本市场经济”[M]. 北京:电子工业出版社,2013:60-61.

启动第二次行政体制改革
（1988.04）

1988年4月，国务院机构改革方案获得七届人大一次会议通过。这是我国改革开放以来启动的第二次行政体制改革。该方案首次提出“转变政府职能是机构改革的关键”的命题，同时创立机构改革“三定方案”，为我国公务员制度改革进行了探索，为建立适应经济体制和政治体制改革要求的新行政管理体系打下了基础。

一、重要文件

1988年4月12日，七届全国人大一次会议通过《宪法修正案》，对非公有制经济的方针政策载入《宪法》。

1988年4月13日，七届全国人大第一次会议通过《全民所有制工业企业法》《中外合作经营企业法》《关于设立海南省的决定及建立海南经济特区的决议》。《中外合作经营企业法》《中外合资经营企业法》（1979年制定）和《外资企业法》（1986年制定）等三部法律共同构建了我国利用外商直接投资的基本法律体系。

1988年4月27日，中央军委颁发《中国人民解放军文职干部暂行条例》，这是中国人民解放军第一部文职干部暂行条例。

二、重大事件

1988年4月1日，经国务院批准，国家有关部门从即日起调高粮、油、糖等部分农产品的收购价格。

我国 1988 年年内放开国库券转让市场,首批沈阳、上海、重庆、武汉、广州、深圳、哈尔滨七个城市的试点工作从 1988 年 4 月起开始。

1988 年 4 月 25 日,首家风险金融企业在沈阳成立。

1988 年 4 月 26 日,中共海南省委员会和海南省人民政府正式挂牌。

1988 年 4 月 28 日,《人民日报》报道,40 多家企业和企业集团制定方案,股份划分包括国家股、企业股和个人股等。

1988 年 4 月,评选出第一批"全国优秀企业家"。

三、重要论述

《经济社会体制比较》(1988 年第 2 期)刊发吴敬琏的《中国经济改革中的战略选择问题》。文章认为,对于市场导向的改革来说,逐步理顺价格是无论如何也绕不过去的。长时期以来,我们注重搞活企业的改革,而对建立竞争性市场问题重视不够,由于价格改革难度较大,还存在某种能拖就拖、畏缩不前的倾向,这使其变成我国体制改革最落后的环节。

《中国物资流通》(1988 年第 4 期)刊发张卓元等的《深化生产资料价格改革》。文章认为,当前改革的关键是建立开放的、竞争的、统一的市场,理顺价格关系;深化和完善生产资料价格改革的基本思路是放调结合、有调有放、放中有管、稳步前进;生产资料价格改革的出路是提高加工企业的消化吸收能力,提高居民的承受能力,提高财政的承担能力和改革物资流通体制。

四、重要数据

1988 年 4 月 25 日,据《人民日报》报道,1987 年,我国科技"丰收计划"创益 16 亿元。

1988 年 4 月 25 日,据《人民日报》报道,1987 年,我国中小学勤工俭学收入 19 亿元。

1988 年 4 月 27 日,据《人民日报》报道,北京近三年靠科技成果新增产值 19 亿元。

五、作者观点

【启动第二次行政体制改革】 1982 年,我国进行了自改革开放以来的第一次行政体制改革,由于当时没有触动高度集中的计划经济管理体制,没有实现政府职能的转变等原因,不久,政府机构又呈现出膨胀趋势。在推动政治体制改革、深化经济体制改革的大背景下,国务院决定,进行第二次行政体制改革。1988 年 4 月,七届全国人大一次会议通过国务院机构改革方案,启动新一轮机构改革,国务院部委由 45 个减为 41 个,改革后人员编制减少了 9700 多人。这是一次弱化专业经济部门分钱、分物、直接干预企业经营活动职能,以达到增强政府宏观调控能力和转向行业管理的改革目的。与 1982 年的改革相比,这次改革首次提出“转变政府职能是机构改革的关键”的命题,同时创立机构改革“三定方案”(定职能、定机构、定编制)新思路,为国家公务员制度改革进行了探索。同时,为建立一个适应经济体制改革要求的新行政管理体系打下了基础。

参考文献

[1]人民日报图文数据库(1946—2018)。

[2]王振川. 中国改革开放新时期年鉴(1988)[M]. 北京:中国民主法制出版社,2015:263 - 347.

[3]中共中央政策研究室. 中华人民共和国大事记(1949—2009)[M]. 北京:人民出版社,2009:406 - 407.

[4]吴晓灵. 中国金融改革大事记[M]. 北京:中国金融出版社,2008:138 - 150 - 152.

[5]中央财经领导小组办公室. 中国经济发展五十年大事记(1949. 10—1999. 10)[M]. 北京:人民出版社,1999:405.

[6]黄孟复. 中国民营经济史 · 大事记[M]. 北京:社会科学文献出版社,2009:187.

[7]中国共产党大事记 · 1988 年[EB/OL]. 中国共产党新闻网,http://cpc. people. com. cn/GB/64162/64164/4416138. html.

[8]中国共产党 80 年大事记 · 1988 年[EB/OL]. 人民网,http://

www. people. com. cn/GB/shizheng/252/5580/5581/20010612/487255. html.

[9]吴晓波. 激荡三十年:中国企业1978—2008[M]. 北京:中信出版集团,2017:265,274.

[10]魏礼群. 建设服务型政府:中国行政体制改革40年[M]. 广州:广东经济出版社,2017:32,90-91.

[11]曹闻民. 行政改革30年:中国政府发展之路[J]. 甘肃行政学院学报,2008(6):15-20.

[12]隆国强. 构建开放型经济新体制:中国对外开放40年[M]. 广州:广东经济出版社,2018:5.

[13]吴敬琏. 中国经济改革中的战略选择问题[J]. 经济社会体制比较,1988(2):13-18,62.

[14]张卓元,王振之,杨圣明,温桂芳. 深化生产资料价格改革[J]. 中国物资流通,1988(4):4-8.

[15]李佐军. 中国改革新思维——改出一个"人本市场经济"[M]. 北京:电子工业出版社,2013:60-61.

一个深化物资体制改革的方案出台
（1988.05）

1988 年 5 月，国务院批准了物资体制改革领导小组提出的《关于深化物资体制改革的方案》（以下简称《方案》），《方案》提出了当前物资体制改革的重点，被认为是物资体制改革的短期规划，如果措施得当，方案得以顺利实施，将为物资流通体制的中期改革创造有利条件，物资体制改革也将进入一个新的阶段。

一、重要文件

1988 年 5 月 3 日，国务院发布《关于深化科技体制改革若干问题的决定》。提出要鼓励科研机构切实引入竞争机制，积极推行各种形式的承包经营责任制，实行科研机构所有权和经营管理权的分离。

1988 年 5 月 4 日，国务院发布《关于鼓励投资开发海南岛的规定》，对海南经济特区实行更加灵活开放的政策，授予海南省人民政府更大的自主权。

1988 年 5 月 5 日，国务院办公厅转发劳动部、人事部《关于进一步落实外商投资企业用人自主权的意见》。

1988 年 5 月 10 日，国务院发布《北京市新技术产业开发试验区暂行条例》。

1988 年 5 月 15 日，国务院批准并转达发《关于深化物资体制改革的方案》。

1988 年 5 月 21 日，中央组织部、人事部联合印发《关于全民所有制工业企业引入竞争机制、改革人事制度的若干意见》的通知。

二、重大事件

1988 年 5 月 2 日，据《人民日报》报道，广州成立外资管理中心。

1988 年 5 月 4 日，国家教委部署实施“燎原计划”。

1988 年 5 月 27 日，深圳平安保险公司开业。由招商局蛇口工业区下属的社会保险公司与中国工商银行深圳信托投资公司合办的保险公司——平安保险公司在蛇口开业，这是全国第一家由企业与专业金融机构合办的保险公司，也是全国首家区域性股份制保险公司。

1988 年 5 月 28 日，国务院决定，成立国务院物价委员会。

1988 年 5 月 30 日，国家体改委在京西宾馆召开经济体制改革中期规划研讨会，对九个课题组提出的《1988—1995 年经济体制改革纲要》进行讨论。

三、重要论述

《改革》(1988 年第 5 期) 刊发高尚全的《交易活动迫切需要建立新秩序》。文章认为，在新旧体制交替、改革面临重大选择的关键时期，物价上涨过多、分配不公等问题日益引起全社会的关注和忧虑。市场体系的建立与完善，需要伴之以市场秩序的建立和完善，这是新体制逐步确立的重要保证。为此，亟须确立市场秩序，有步骤地实行交易活动公开化、货币化、票据化、规则化、法律化。

《改革》(1988 年第 5 期) 刊发厉以宁的《企业缺乏活力是资源配置失调的主要原因》。文章认为，在企业不是独立商品生产者的情况下，要缓和资源配置失调，首要措施是把企业改变为自主经营、自负盈亏的商品生产者，然后探讨如何运用市场机制和政府调节来促进资源配置的合理化。

《财贸经济》(1988 年第 5 期) 刊发吴敬琏的《中国经济整体协调改革的思路》。文章认为，不实现价格改革和建立竞争性市场，新经济体制不能有效运转，目前的种种经济问题就无法从根本上得到解决。对于改革的理论和实际问题进行自由而切实的讨论，是改革向前推进的必要前提。

四、重要数据

1988 年 5 月 6 日，据《人民日报》报道，第 63 届广交会闭幕，出口成交额破 50 亿美元。

1988 年 5 月 8 日，据《人民日报》报道，我国城市人口达 2.6 亿多。

1988 年 5 月 30 日，据《人民日报》报道，清理集体财产近 800 亿元。

五、作者观点

【一个深化物资体制改革的方案出台】 物资体制改革是整个经济体制改革的重要组成部分。十一届三中全会以来的十年，我国的经济体制已从当时的产品经济体系向有计划的商品经济体系前进了一大步，物资管理体制也发生了很大变化。我国物资体制改革经历了一个以搞活物资流通、发展生产资料市场、为增强企业活力创造外部环境的渐进过程。通过改革，原有体制集中过多、管得过死、排斥市场机制、忽视价值规律作用的状况发生了很大的变化，多种形式、不同规模的生产资料市场开始形成，为进一步深化改革打下了基础。1988 年 5 月，国务院批准了物资体制改革领导小组提出的《关于深化物资体制改革的方案》（以下简称《方案》），提出了当时物资体制改革的重点。对改变我国以产品分配调拨为主要形式的物资体制和条块分割的经济格局，发展为有领导有组织的生产资料市场，增强企业活力和国家对市场的调控能力，对重要的短缺物资进行综合治理、改善供给、搞活流通、加速物资和资金周转，都具有重要意义。由于物资体制改革牵涉面广，制约因素多，需要同计划、投资、价格、企业管理等方面的体制改革相配套，《方案》的着眼点仅仅放在了短期内物资体制改革所能解决的主要问题上，如理顺关系、进行试点等，而对建立新体制所需解决的许多实质性问题尚未涉及。因此，《方案》被认为是物资体制改革的短期规划，只能作为规划物资体制中期改革的起点。如果措施得力，方案得以顺利实施，将为物资流通体制的中期改革创造有利条件，物资体制改革也将进入一个新的阶段。

参考文献

[1]人民日报图文数据库(1946—2018)。

[2]王振川. 中国改革开放新时期年鉴(1988)[M]. 北京:中国民主法制出版社,2015:348 -415.

[3]中共中央政策研究室. 中华人民共和国大事记(1949—2009)[M]. 北京:人民出版社,2009:407.

[4]吴晓灵. 中国金融改革大事记[M]. 北京:中国金融出版社,2008:138 -152.

[5]中央财经领导小组办公室. 中国经济发展五十年大事记(1949. 10—1999. 10)[M]. 北京:人民出版社,1999:406.

[6]黄孟复. 中国民营经济史·大事记[M]. 北京:社会科学文献出版社,2009:187 -188.

[7]中国共产党大事记·1988年[EB/OL]. 中国共产党新闻网,http://cpc. people. com. cn/GB/64162/64164/4416138. html.

[8]中国共产党80年大事记·1988年[EB/OL]. 人民网,http://www. people. com. cn/GB/shizheng/252/5580/5581/20010612/487255. html.

[9]柳随年. 整顿物资流通秩序深化物资体制改革[J]. 中国物资流通,1989(1):4 -6,20.

[10]胡怀邦. 物资体制改革的中期目标与环境治理[J]. 中国物资流通,1988(11):6 -9.

[11]丁俊发. 关于深化物资体制改革的思考[J]. 中国物资流通,1989(1):30 -31.

[12]高尚全. 交易活动迫切需要建立新秩序[J]. 改革,1988(5):24 -26.

[13]吴敬琏. 中国经济整体协调改革的思路[J]. 财贸经济,1988(5):3 -8.

[14]李佐军. 中国改革新思维——改出一个"人本市场经济"[M]. 北京:电子工业出版社,2013:61 -62.

国有资产管理体制的一次重大改革

（1988.07）

1988年7月，国务院决定设立国家国有资产管理局。这是我国国有资产管理体制的一次重大改革，对于实现国有资产的保值增值，放大国有资本的功能，发挥国有经济的主导作用，提高国有经济的控制力、影响力和带动力，服从和服务于国民经济发展和社会全面发展的长远目标，具有重要的意义。

一、重要文件

1988年7月12日，国务院第十二次常务会议通过《城镇土地使用税暂行条例》《国务院关于部分地区实行财政包干办法的通知》（以下简称《通知》）。《通知》指出，从1988年起，对江苏、辽宁、北京、重庆等13个省市实行财政包干、一定三年不变的办法。

1988年7月21日，中共中央办公厅、国务院办公厅发出《关于解决公司政企不分问题的通知》，并规定，除国务院授权兼有行政管理职能和经营权的少数公司外，其他政企不分、政企合一的公司必须将经营权与行政权严格分开；凡是从事企业经营的公司一律不能有行业管理、政府职能的权力，凡是有政府职能、进行行业管理的公司一律不准从事企业经营。

1988年7月27日，经国务院领导批准，国家机构编制委员会印发《国家体改委“三定”方案》。国家体改委的主要任务是：拟定全国经济体制改革总体设计，研究、协调实施企业改革工作和指导企业提高经营管理水平。干部编制300人。

1988年7月28日，国务院发布《污染源治理专项基金有偿使用暂行办法》。

1988年7月28日，国务院发布《国务院关于地方实行财政包干办法的决定》。

1988年7月29日，《人民日报》报道，人民解放军干部制度改革已经相继出台《中国人民解放军文职干部暂行条例》《中国人民解放军军官军衔条例》和即将出台现役军官服役条例。实行文职干部制度在人民解放军的历史上是第一次。

二、重大事件

1988年7月1日，我国最大的航空企业——中国国际航空公司正式成立。

1988年7月3日，为配合外贸体制改革，外经贸部决定下放九项权利，放宽政策。

1988年7月7日，实行股份制的全国性金融企业——中国工商信托投资公司成立。这是金融体制改革的一个尝试。

1988年7月8日，我国第一块出让土地使用权招标在上海揭晓，日本孙氏企业有限公司中标，使用期50年。

1988年7月12日，国务院常务会议决定，江苏、辽宁、北京、重庆等13个省市从今年起实行财政包干，一定三年不变。

1988年7月21日，沿海黄河经济协作带在青岛宣告成立，包括青海、甘肃、宁夏、陕西、山西、河南、山东七个省区，总面积和总人口均占全国的20%以上。协作带的建立，将推动省区间的横向联合发展。

三、重要论述

《财贸经济》(1988年第7期)刊发厉以宁的《经济体制改革的总体设计——经济体制改革思路的政策化》。文章认为，经济体制改革中所要推行的政策，不仅应当在理论上有根据，而且必须具有可行性，即具有易于操作和实施的性质。如果在理论上缺乏根据,那么它们将经不起检验,难以存在。如果在实施中不易操作,那么它们将无法被贯彻,最终仍不得不被其他较为可行的政策所替代。由此可见,经济体制改革政策设计的难度可能比经济体制改革基本思路提出的难度大。提出经济体制改革基本思路时,主要站在经济理论工作者的立场来考虑问题,而在设计经济体制改革的政策体系时,主要应站在经济实际工作者的立场进行思考。

《价格理论与实践》(1988 年第 7 期)刊发吴敬琏和李剑阁的《控制需求　疏导货币　改革价格》。文章认为,用加强行政管制的办法压制物价是不能奏效的。解决价格问题的出路在于深化改革。控制需求、疏导货币、放开价格、改造企业、形成市场,是我们整治双重体制造成的混乱局面、走出困境、进入坦途的唯一通道。建立起竞争性的市场关系是让新体制的整体功能得以发挥的基本条件。

《企业管理》(1988 年第 7 期)刊发薛暮桥的《〈企业法〉和〈破产法〉生效以后》。文章认为,目前企业自主经营的许多外部条件没有解决,"两法"执行起来还有一定困难。目的是告诫人们要充分实行《破产法》《企业法》,还必须在经济体制的各个方面继续深化改革。

四、重要数据

1988 年 7 月 2 日,据《人民日报》报道,1988 年上半年,我国产钢近 3000 万吨。

1988 年 7 月 3 日,据《人民日报》报道,外贸进出口额 10 年来增长 2.3 倍,经贸部决定扩大战果继续放权。

1988 年 7 月 4 日,据《人民日报》报道,我国电子产品开始走向世界,已出口 100 多个国家和地区,其中,有六种产品获国家金奖。

五、作者观点

【国有资产管理体制的一次重大改革】　国有资产管理体制改革及国有企业改革是整个经济体制改革的组成部分。在传统计划经济体制下,我国对国有资产管理采取的是一种僵硬死板的模式。企业缺乏经营自主权,国企是作为政府行政附属物而存在的。改革开放以后,特别是在20世纪80年代,我国对国资管理模式进行了较大的改革:1978—1984年,推进以放权让利为主要特点的国有资产管理体制改革;1984—1988年,按照两权分离、政企分开要求,实行承包经营责任制的改革。1988年,全国预算内国有企业已有90%以上实行了承包经营责任制。为了把国有资产的产权管理职能从政府的行政管理职能和一般经济管理职能中分离出来,1988年7月,国务院决定设立国家国有资产管理局,作为国家国有资产的代表者,统一行使国有资产所有权管理职能,行使国家赋予的国有资产所有者的代表权、国有资产的监督管理权、国家投资的收益资产处置权,同时参与清理整顿公司和参与完善企业承包经营责制工作,建立国有资产保值增值的考核指标和管理制度,加强对土地资源、森林资源、水资源、矿产资源、人工造林等国有资源资产化管理的改革,促进国有资产保值增值。随后,1988年11月,国家国有资产管理局正式成立,为国务院直属机构之一,归口财政部管理。这是我国国有资产管理体制的一次重大改革,对于实现国有资产的保值增值,放大国有资本的功能,发挥国有经济的主导作用,提高国有经济的控制力、影响力和带动力,服从和服务于国民经济发展和社会全面发展的长远目标,具有重要意义。

参考文献

[1]人民日报图文数据库(1946—2018)。

[2]王振川. 中国改革开放新时期年鉴(1988)[M]. 北京:中国民主法制出版社,2015:498-581.

[3]中共中央政策研究室. 中华人民共和国大事记(1949—2009)[M]. 北京:人民出版社,2009:408-409.

[4]吴晓灵. 中国金融改革大事记[M]. 北京:中国金融出版社,2008:154-155.

[5]中央财经领导小组办公室. 中国经济发展五十年大事记(1949.10—1999.10)[M]. 北京:人民出版社,1999:408.

[6]中国共产党大事记·1988年[EB/OL]. 中国共产党新闻网,http://cpc.people.com.cn/GB/64162/64164/4416138.html.

[7]中国共产党80年大事记·1988年[EB/OL]. 人民网,http://www.people.com.cn/GB/shizheng/252/5580/5581/20010612/487255.html.

[8]贾康,刘薇. 构建现代治理基础——中国财税体制改革40年[M]. 广州:广东经济出版社,2017:97,102.

[9]厉以宁. 经济体制改革的总体设计——经济体制改革思路的政策化[J]. 财贸经济,1988(7):3-10.

[10]吴敬琏,李剑阁. 控制需求疏导货币改革价格[J]. 价格理论与实践,1988(7):24.

[11]薛暮桥.《企业法》和《破产法》生效以后[J]. 企业管理,1988(7):4-5.

[12]常修泽. 所有制改革与创新——中国所有制结构改革40年[M]. 广州:广东经济出版社,2018:116-117.

[13]田惠敏. 国有资产保值增值管理与评估实务全书[M]. 呼和浩特:内蒙古人民出版社,2002:8,14-15.

[14]李佐军. 中国改革新思维——改出一个"人本市场经济"[M]. 北京:电子工业出版社,2013:62.

1988 年的价格改革“闯关”
（1988.08）

1988 年 8 月，全国范围出现挤提银行存款和抢购商品的风潮。1988 年价格改革“闯关”，决策层对价格改革必要性、紧迫性的认识是对的，是抓住要害的，但对价格改革“闯关”的条件评估不足，对当时已抬头的通货膨胀评估不足，对广大群众能否承受两位数物价上涨研究不够。这次价格改革“闯关”失败，为以后我国价格改革积累了宝贵的经验和教训。

一、重要文件

1988 年 8 月 1 日，《全民所有制工业企业法》正式施行。

1988 年 8 月 5 日，国务院常务会议，讨论物价委员会提出的《关于价格、工资改革的初步设想和配套措施》。会议经过讨论，原则同意物价委员会的方案。

1988 年 8 月 6 日，国务院发布《印花税暂行条例》。

1988 年 8 月 11 日，国务院批转中国人民银行《关于控制货币、稳定金融几项措施的报告》。

1988 年 8 月 15 日，中共中央政治局会议讨论并原则通过了《关于价格工资改革的初步方案》。

二、重大事件

1988 年 8 月 5 日，全国第一次“火炬计划”工作会议在北京举行。

1988年8月9日，新华社报道，国务院发出通知，宣布从1988—1990年期间，在原定财政体制的基础上，对地方财政包干的办法做一系列改进。

1988年8月18日，郑州市企业产权交易市场正式开业。

三、重要论述

《财贸经济》(1988年第8期)刊发董辅礽的《企业资产有偿转让的若干问题》。文章认为，在我国要形成企业资产有偿转让的机制，还需要在促进市场发展的各个方面进行各种改革。要使企业资产的有偿转让得以顺利进行，不仅企业的实物资产应该成为商品，而且土地、劳动力、企业的无形资产等都应该成为商品。

四、重要数据

1988年8月8日，新华社报道，我国在海外开办合资、合作和独资企业共计458个，总投资额18.38亿美元，带动了我国技术设备和商品的出口。

五、作者观点

【1988年的价格改革"闯关"】 价格改革是我国经济体制改革的一个重要领域，更是市场体系形成和发挥功能的关键。1978年改革后，一系列调整价格和放开价格的举措成效明显，不仅大大推动了工农业生产的快速发展，而且增强了整个社会的经济活力，市场日趋活跃繁荣。进入20世纪80年代后，经济增速加快，与此同时，价格扭曲问题日益突出。1988年5月，邓小平提出要过价格改革关。接着，中央有关部门研究讨论价格改革"闯关"方案。1988年8月，中央政治局讨论并原则通过《关于价格、工资改革的初步方案》，并通过《人民日报》刊登新华社关于政治局讨论原则通过了《关于价格、工资改革的初步方案》的公报。公报说，会议认为，价格改革的总方向是：少数重要商品和劳务价格由国家管理，绝大多数商品价格放开，由市场调节，以转换价格形成机制，逐步实现"国家调控市场、市场引导企业"的格局。今后五年左右的时间，价格改革的目标是初步理顺价格关系，即解决对经济发展和市场发育有严重影响、突出不合理的价格问题。公报发表后，由

于老百姓已存在通货膨胀预期，全国范围内很快就出现挤提银行存款和抢购商品的风潮。1988 年价格改革"闯关"受抢购风潮影响，8 月底，银行储蓄存款余额比 7 月底减少 26 亿多元。与此同时，物价上涨加快。1988 年前三个季度全国物价指数上涨 16%。针对上述经济运行中出现的不正常现象，1988 年 9 月，中共召开十三届三中全会，批准了中央政治局提出的治理经济环境、整顿经济秩序、全面深化改革的方针、政策和措施，并着手稳定经济和市场。在这之前，8 月 30 日，国务院已明确宣布此后 4 个月国务院没有新的调价措施出台，所以原定的价格改革方案已推迟实施。1988 年价格改革"闯关"失败的最重要教训是，在通货膨胀抬头的条件下，价格改革是难以顺利推进的。总之，1988 年价格改革"闯关"，决策层对价格改革必要性、紧迫性的认识是对的，是抓住要害的，但对价格改革"闯关"的条件评估不足，对当时已抬头的通货膨胀评估不足，对广大群众能否承受两位数物价上涨研究不够。这次价格改革"闯关"失败，为以后我国价格改革积累了宝贵的经验和教训。

参考文献

[1]人民日报图文数据库(1946—2018)。

[2]王振川．中国改革开放新时期年鉴(1988)[M]．北京：中国民主法制出版社，2015：582－642.

[3]中共中央政策研究室．中华人民共和国大事记(1949—2009)[M]．北京：人民出版社，2009：409－410.

[4]吴晓灵．中国金融改革大事记[M]．北京：中国金融出版社，2008：155－157.

[5]中央财经领导小组办公室．中国经济发展五十年大事记(1949. 10—1999. 10)[M]．北京：人民出版社，1999：408－409.

[6]中国共产党大事记・1988 年[EB/OL]．中国共产党新闻网，http://cpc. people. com. cn/GB/64162/64164/4416138. html.

[7]中国共产党 80 年大事记・1988 年[EB/OL]．人民网，http://www. people. com. cn/GB/shizheng/252/5580/5581/20010612/487255. html.

[8]1988 年 8 月 15 日中央决定绝大部分商品放开价格[EB/OL]. 人民网,http://60. people. com. cn/GB/166974/9983713. html.

[9]张卓元,房汉廷,程锦雄. 市场决定的历史突破——中国市场发育与现代市场体系建设 40 年[M]. 广州:广东经济出版社,2017:162,175 - 177.

[10]董辅礽. 企业资产有偿转让的若干问题[J]. 财贸经济,1988(8):3 - 9.

[11]李佐军. 中国改革新思维——改出一个"人本市场经济"[M]. 北京:电子工业出版社,2013:63.

十三届三中全会：治理整顿，深化改革（1988.09）

1988年9月，十三届三中全会召开，这是在我国改革关键时期召开的一次极为重要的会议。会议批准中央政治局提出的治理经济环境、整顿经济秩序、全面深化改革的方针，为我国深化改革扫清道路。

一、重要文件

1988年9月5日，七届全国人大常委会第三次会议通过《保守国家秘密法》。

1988年9月6日，《全国2000年环境保护规划纲要》通过评审。《纲要》提出了我国在20世纪末基本控制环境污染的环保总目标：到2000年，我国工业废水排放量要控制在500亿吨左右，城市生活废水排放量要控制在200亿吨左右，森林覆盖率要增加3%。

1988年9月9日，国务院第二十一次常务会议通过《国家行政机关工作人员贪污贿赂行政处分暂行规定》。

1988年9月24日，国务院发布《国务院关于清理固定资产投资在建项目、压缩投资规模、调整投资结构的通知》。

1988年9月26—30日，十三届三中全会原则通过了《关于价格、工资改革的初步方案》。

1988年9月27日，国务院发布《城镇土地使用税暂行条例》。

1988年9月27日，国务院作出《关于进一步控制货币稳定金融的决定》。

二、重大事件

1988 年 9 月 3 日，中国人民银行开办人民币长期保值储蓄存款。

1988 年 9 月 16 日，经国务院批准，中国核工业总公司成立。该公司是在原中国核工业部基础上组建的科技、工业、贸易结合的全国性工业公司。

1988 年 9 月 20 日，经国务院批准，中国石油天然气总公司成立。

1988 年 9 月 26—30 日，十三届三中全会批准了中央政治局提出的治理经济环境、整顿经济秩序、全面深化改革的指导方针和政策、措施。

1988 年 9 月，海南省第一次党代会明确提出发展市场经济的改革目标。这在全国尚属首次。海南由此展开了一系列在全国率先改革开放的试验。

1988 年 9 月，通过招标程序，科海高技术（集团）公司承包了海淀区建筑工程公司，这是民办企业承包国营企业的先例。

三、重要论述

1988 年 9 月 5 日，邓小平在会见捷克斯洛伐克总统胡萨克时，提出了“科学技术是第一生产力”。

《烟台大学学报（哲学社会科学版）》（1988 年第 3 期）刊发薛暮桥的《关于沿海地区外向型经济发展战略的我见》。文章认为，治理经济环境、整顿经济秩序，关键是把各地区的发展纳入全国统一的国家计划和规划轨道中。

《河北大学学报（哲学社会科学版）》（1988 年第 3 期）刊发杨启先的《深化经济改革需要解决的主要难点》。文章认为，深化经济改革需要解决的三个主要难点：一是企业改革，如何实现真正的自主经营，自负盈亏；二是市场改革，如何真正合理发挥价值规律的调节作用；三是宏观管理改革，如何真正建立起国家调节市场、市场引导企业的模式。

四、重要数据

1988 年 9 月 12 日，据《人民日报》报道，秋季全国生产资料交易会，3 天总成交额达 12 亿元。

1988 年 9 月 13 日，据《人民日报》报道，海峡两岸转口贸易激增，1988

年上半年达11亿美元。

1988年9月15日，据《人民日报》报道，审计机关成立五年共查出违纪额400亿元。

五、作者观点

【十三届三中全会：治理整顿，深化改革】　纵观我国改革历史，改革开放以来的一些具有重大转折意义的改革决策，都是在党的三中全会上做出的。1978年召开的十一届三中全会拨乱反正，开启改革开放新时期。全会确定了解放思想、实事求是、团结一致向前看的指导方针；作出把工作重点转移到社会主义现代化建设上来和实行改革开放的决策。1984年召开的十二届三中全会标志着改革从农村走向城市和整个经济领域。全会通过了《中共中央关于经济体制改革的决定》，规定了改革的方向、性质、任务和方针政策，是指导中国经济体制改革的纲领性文件。十三大以后，我国经济处于充满活力的发展时期，但也存在着不少新的困难和问题，突出的是经济生活中出现了明显的通货膨胀，物价上涨幅度过大。为了采取正确的方针、政策和措施，努力克服这些困难，把改革和建设不断推向前进，1988年9月，十三届三中全会把改革和建设重点放到治理整顿、深化改革上。会议通过了《关于价格、工资改革的初步方案》，批准中央政治局提出的治理经济环境、整顿经济秩序、全面深化改革的方针。十三届三中全会是在我国改革关键时期召开的一次极为重要的会议，为我国进一步深化经济改革扫清了道路。

参考文献

[1]人民日报图文数据库(1946—2018)。

[2]王振川. 中国改革开放新时期年鉴(1988)[M]. 北京：中国民主法制出版社，2015：643-736.

[3]中共中央政策研究室. 中华人民共和国大事记(1949—2009)[M]. 北京：人民出版社，2009：409-410.

[4]吴晓灵. 中国金融改革大事记[M]. 北京：中国金融出版社，2008：155-157.

[5]中央财经领导小组办公室．中国经济发展五十年大事记(1949. 10—1999. 10)[M]．北京:人民出版社,1999:410 - 412.

[6]黄孟复．中国民营经济史 · 大事记[M]．北京:社会科学文献出版社,2009:189.

[7]中国共产党大事记 · 1988 年[EB/OL]．中国共产党新闻网,http://cpc. people. com. cn/GB/64162/64164/4416138. html.

[8]中国共产党 80 年大事记 · 1988 年[EB/OL]．人民网,http://www. people. com. cn/GB/shizheng/252/5580/5581/20010612/487255. html.

[9]程可晖,张新华三个三中全会对改革的历史贡献[J]．探索,1988(12):8 - 10,18.

[10]迟福林．伟大的历程——中国改革开放 40 年实录[M]．广州:广东经济出版社,2018:143,166 - 167.

[11]王兆铮．从十一届三中全会到十三届三中全会[J]．求实,1989(3):1 - 6.

[12]改革开放以来历届三中全会回眸[J]．中国妇运,2013(12):33.

[13]薛暮桥．关于沿海地区外向型经济发展战略的我见[J]．烟台大学学报(哲学社会科学版),1988(9):3 - 4,57.

[14]杨启先．深化经济改革需要解决的主要难点[J]．河北大学学报(哲学社会科学版),1988(9):38 - 45.

[15]李佐军．中国改革新思维——改出一个“人本市场经济”[M]．北京:电子工业出版社,2013:63.

第一次综合性的经济体制改革理论研讨会召开（1988.10）

1988年10月，全国经济体制改革理论研讨会在京举行。这是我国城乡进行经济体制改革10年后召开的第一次综合性的经济体制改革理论研讨会，是在改革的关键阶段对经济体制改革理论研究成果的一次检阅，对促进我国今后的改革理论创新工作意义重大。

一、重要文件

1988年10月3日，中共中央、国务院作出《关于清理整顿公司的决定》，并指出，这次清理整顿的重点是1986年下半年以来成立的公司，特别是综合性、金融性和流通领域的公司。

1988年10月3日，中共中央办公厅、国务院办公厅发布《关于县以上党和国家机关退（离）休干部经商办企业问题的若干规定》。

1988年10月6日，国务院发布《关于从严控制社会集团购买力的决定》，要求对1988年和1989年两年的社会集团购买力，在上年实际支出的基础上，按实际可比口径计算，每年压缩20%。

1988年10月21日，国务院第二十二次常务会议通过《审计条例》。

1988年10月24日，国务院作出《关于加强物价管理严格控制物价上涨的决定》，要求进一步采取坚决有力措施，加强物价管理，整顿市场秩序，严格控制物价上涨，确保1989年的物价上涨幅度明显低于1988年。

二、重大事件

1988 年 10 月 4 日，经贸部宣布采取五项措施治理外贸环境、整顿外贸秩序。

1988 年 10 月 15 日，国务院决定成立国务院企业管理指导委员会，负责协调贯彻《企业法》和研究企业改革、企业管理中的重大问题，指导企业转换和完善经营机制，加强企业管理。

1988 年 10 月 16 日，中国第一座高能加速器——北京正负电子对撞机组装成功。

1988 年 10 月 29 日，中共中央政治局第十三次全体会议在北京举行。会议讨论深化农村改革和加速农业发展问题。

三、重要论述

《中国农村经济》（1988 年第 10 期）刊发于光远的《发展生产力是衡量组织创新的唯一标准》。文章认为，在考虑农村经济组织创新的时候，应当明确三个根本问题。一是允许大家创新，各种形式创新出来以后，由实践来检验；二是选择的标准和原则，坚持劳动人民当家作主原则，不仅生产上有自主权，改革也要有自主权；三是坚持有利于发展生产力是衡量改革的唯一标准。

《金融与经济》（1988 年第 10 期）刊发赵海宽的《对我国金融体制改革的一些设想》。文章提出，一是要建立一个符合我国情况的、完整的金融系统；二是各商业性金融机构都要实行企业化；三是进一步放开金融市场，搞活微观金融；四是建立一套既能有效地进行宏观金融控制，又有利于把微观金融搞活的宏观金融体制。

《人文杂志》（1988 年第 5 期）刊发厉以宁的《再论市场调节与政府调节之间的关系》。文章认为，市场调节是第一次调节，政府调节是第二次调节。市场调节与政府调节在社会主义经济中是并存的，社会主义经济运行的机制是市场机制与政府机制并存的二元机制。二元机制的含义是两种机制的互补。

《经济社会体制比较》(1988年第5期)刊发吴敬琏的《“寻租”理论与我国经济中的某些消极现象》。文章认为,解除对微观经济活动包括厂商价格行为的行政管制、放开价格、健全市场、开展平等竞争——这正是我们深化改革的基本方向。

四、重要数据

1988年10月2日,据新华社报道,1998年上半年城乡集贸市场已达7万多个,超过了历史上数量最多时的1956年;1987年集市成交额达到1157亿多元,比1978年增长8倍多。

1988年10月7日,据《人民日报》报道,全国已建立1.6万个乡级林业站。

1988年10月9日,据《人民日报》报道,我国个体经济稳定发展,截至1988年6月底,全国已有个体工商户1413多万户,从业人员2224万多人,资金271亿多元。

1988年10月11日,据《人民日报》报道,1988年1—9月全国外贸出口额达300亿美元。

1988年10月19日,据《人民日报》报道,1988年前三季度全国物价指数上升16%。

五、作者观点

【第一次综合性的经济体制改革理论研讨会召开】 中共十三大之后,经济理论界的研究相当活跃,就计划和市场孰为基本机制问题展开了热烈的讨论。1988年10月,全国经济体制改革理论研讨会在北京举行,这次会议是由中央宣传部、国家体改委、社科院联合召开的。会议充分肯定了十年来我国在改革中取得的一系列理论突破,认为确立了社会主义商品经济论和社会主义初级阶段论,是我国改革理论和新经济理论的基石。在本次研讨会,以及同年11月举办的“纪念党的十一届三中全会十周年理论讨论会”上,都出现了关于社会主义市场经济的论文。之后,在改革应当“计划取向”还是“市场取向”的争论中,越来越多的理论工作者开始越过单纯将市场机制作为一种辅助手段的认识,认为市场机制是社会主义经济内在的运行机制,社会主义经济不能离开市场和价值规律的作用,市场的作用范围是覆盖全社会的,而不仅是作为计划机制的补充而存在。其实,早在 9 月,海南省第一次党代会就明确提出发展市场经济的改革目标。本次全国经济体制改革理论研讨会是我国城乡进行经济体制改革十年来召开的第一次综合性的经济体制改革理论研讨会,是在改革的关键阶段对经济体制改革理论研究成果的一次检阅,对我国今后的改革理论创新工作意义重大。

参考文献

[1]人民日报图文数据库(1946—2018)。

[2]王振川. 中国改革开放新时期年鉴(1988)[M]. 北京:中国民主法制出版社,2015:737 - 815.

[3]中共中央政策研究室. 中华人民共和国大事记(1949—2009)[M]. 北京:人民出版社,2009:411 - 412.

[4]吴晓灵. 中国金融改革大事记[M]. 北京:中国金融出版社,2008:155 - 157.

[5]中央财经领导小组办公室. 中国经济发展五十年大事记(1949. 10—1999. 10)[M]. 北京:人民出版社,1999:412 - 413.

[6]黄孟复. 中国民营经济史·大事记[M]. 北京:社会科学文献出版社,2009:189.

[7]中国共产党大事记·1988 年[EB/OL]. 中国共产党新闻网,http://cpc. people. com. cn/GB/64162/64164/4416138. html.

[8]中国共产党 80 年大事记·1988 年[EB/OL]. 人民网,http://www. people. com. cn/GB/shizheng/252/5580/5581/20010612/487255. html.

[9]吴晓波. 激荡三十年:中国企业 1978—2008[M]. 北京:中信出版集团,2017:254.

[10]吴敬琏."寻租"理论与我国经济中的某些消极现象[J]. 经济社会体制比较,1988(5):3 - 4.

[11]厉以宁. 再论市场调节与政府调节之间的关系[J]. 人文杂志,1988(5):7 - 13,35.

[12]赵海宽．对我国金融体制改革的一些设想[J]．金融与经济,1988(10):5－9.

[13]于光远．发展生产力是衡量组织创新的唯一标准[J]．中国农村经济,1988(10):7－9.

[14]杨小午,高小燕,韩愚,陆涌华．研讨理论　深化改革——全国经济体制改革理论研讨会综述[J]．中国经贸导刊,1988(22):14－17

[15]常欣．改革开放30年来中国经济学的发展[J]．社会科学管理与评论,2008(12):29－38.

[16]金树平．全国经济体制改革理论研讨会概述[J]．经济体制改革,1988(12):23－30.

[17]李佐军．中国改革新思维——改出一个“人本市场经济”[M]．北京:电子工业出版社,2013:64.

推动干部人事制度改革
（1988.11）

1988年11月，全国人事工作会议强调，干部人事制度改革的重点是建立国家公务员制度。随后，《公务员暂行条例》交由新成立的人事部修改完善，并在两个副省级城市和六个国务院部门进行试点。这是我国干部人事制度改革的一个重大举措，对于加强干部人事工作法制建设，意义重大。

一、重要文件

1988年11月1日，北京市政府下发《关于集体、个体科技机构管理的补充规定》（以下简称《规定》）。《规定》对进一步扶植、引导民办科技机构健康发展起到了积极作用。

1988年11月8日，中国首次专门立法保护野生动物，颁布《野生动物保护法》。

1988年11月8日，七届人大常委会第四次会议通过《关于加强民主法制维护安定团结保障改革和建设顺利进行的决定》（以下简称《决定》）。《决定》指出，为了保障治理整顿、深化改革任务顺利实现，必须进一步发展社会主义民主、健全社会主义法制，维护安定团结，创造更好的政治和社会环境。为此，全国人大常委会向各级国家机关提出了"正确认识我国的经济形势"等六条要求。

1988年11月8日，国务院发布《土地复垦规定》。

1988年11月11日，国务院颁布《关于加强钢材管理的规定》。

1988 年 11 月 30 日，国务院发布《审计条例》。

二、重大事件

1988 年 11 月 2 日，中共中央、国务院在京召开全国农村工作会议。会议着重研究深化农村改革，大力发展农业，特别是明后年搞好农业生产的措施，千方百计夺取明年的农业丰收的问题。

1988 年 11 月 9 日，据《人民日报》报道，国家科委、财政部联合作出规定，我国科研单位全面推行经济核算。

1988 年 11 月 15 日，中国注册会计师协会在北京成立。

1988 年 11 月 18 日，国家组建国有资产管理局。

1988 年 11 月 28 日，国务院在北京同时召开全国计划会议和全国经济体制改革工作会议，讨论安排 1989 年国民经济和社会发展计划，讨论部署 1989 年经济体制改革工作。

三、重要论述

1988 年 11 月 5 日，据《人民日报》报道，十年经济改革取得了四大成就。一是开始建立计划与市场统一的社会主义商品运行机制，突破了旧的计划与市场对立的产品经济模式，“国家调节市场、市场引导企业”的新经济运行模式初步开始建立；二是发展了以公有制为主体的多种经济形式和经营方式，提高了公有制经济的效益；三是开放和拓展了消费市场、生产资料市场、短期资金市场、技术市场、劳务市场、信息市场和房地产市场，开始逐步建立社会主义市场体系；四是实行了以按劳分配为主的多种分配方式，在经济发展的基础上，使人民生活逐步得到了发展。

《数量经济技术经济研究》（1988 年第 11 期）刊发周叔莲的《股份制在改革攻坚阶段的作用》。文章认为，中国改革已进入了全面改革的攻坚阶段，要在今后五年或者更长一点时间内解决突出不合理的价格问题，还要进行其他配套改革，尤其要把深化企业改革放在重要位置。为了完成改革攻坚阶段的任务，适当加快推行股份制是很必要的。因为股份制可以缓解价格改革的困难，深化企业机制改革。

《中国经济体制改革》(1988 年第 11 期)刊发高尚全的《在全面深化改革中发展社会主义商品经济理论》。文章认为,当前我国已经进入了一个全面深化改革的关键时期,在治理经济环境和整顿经济秩序中推进相互配套的全面改革,在改革中逐步建立社会主义商品经济理论体系。发展社会主义商品市场,建立完善的市场体系,是经济体制改革的一个重要方面。社会主义的市场体系,不仅要包括一般制成品的商品市场,而且要包括各种投入的生产要素市场。随着经济体制改革的深入发展,作为主要生产要素的劳动力的流动,正在越来越与市场联系起来。

《农业经济问题》(1988 年第 11 期)刊发陈锡文的《关于农村改革的形势判断和中期改革的基本思路》。文章认为,迄今为止的中国农村经济体制改革,已经取得的成果,可以归纳为以下五个方面:一是确立了以家庭经营为基础的农村经济微观组织结构;二是农产品的商品市场和农村的生产要素市场正在逐步发育;三是打破了单一的生产资料公有制结构,多种经济成分和多种经营形式得到了发展;四是调整了农村的产业结构,使农村经济朝着充分利用资源、多部门综合经营的方向发展;五是更多地运用价格、税收、利率等经济杠杆和契约等法律手段来改善政府对农村经济的调控方式。

四、重要数据

1988 年 11 月 3 日,据《人民日报》报道,新中国成立以来,我国扫盲 1.5 亿人,全国尚有文盲 2.2 亿人。

1988 年 11 月 9 日,据新华社报道,我国房地产交易市场初步形成,近三年达成交易 17 万起,交易面积突破 1000 万平方米,全国已有 275 个交易所。

1988 年 11 月 29 日,据《人民日报》报道,浙江 5 万家乡镇企业实行股份制。

五、作者观点

【推动干部人事制度改革】 干部人事制度改革是党的建设的重要内容。十一届三中全会以来,随着经济体制改革的不断深入,原来传统干部人事制度的弊端对改革提出了现实要求。1984 年下半年,中央决定加强干部人事立法,将干部的升迁、选拔、考核、奖惩等环节用法律规定下来。1984 年 11 月,中央组织部和劳动人事部开始组织力量进行相关法规的研讨起草工作。1987 年 10 月召开的十三大做出了建立国家公务员制度的决策。1988 年 3 月召开的七届全国人大一次会议,进一步提出要“抓紧建立和逐步实施国家公务员制度”。同年 11 月,全国人事工作会议进一步强调,人事制度的改革重点是建立国家公务员制度。随后,《公务员暂行条例》交由新成立的人事部修改完善,并在两个副省级城市和六个国务院部门进行试点。从 1989 年年初开始,首先在国务院六个部门即审计署、海关总署、国家统计局、国家环保局、国家税务局、国家建材局进行国家公务员制度试点。1990 年,又在哈尔滨市和深圳市进行试点。这是我国干部人事制度改革的一个重大举措,对于加强干部人事工作法制建设,意义重大。

参考文献

[1]人民日报图文数据库(1946—2018)。

[2]王振川. 中国改革开放新时期年鉴(1988)[M]. 北京:中国民主法制出版社,2015:818 -918.

[3]中共中央政策研究室. 中华人民共和国大事记(1949—2009)[M]. 北京:人民出版社,2009:412 -413.

[4]吴晓灵. 中国金融改革大事记[M]. 北京:中国金融出版社,2008:155 -157.

[5]中央财经领导小组办公室. 中国经济发展五十年大事记(1949. 10—1999. 10)[M]. 北京:人民出版社,1999:413.

[6]黄孟复. 中国民营经济史·大事记[M]. 北京:社会科学文献出版社,2009:189.

[7]中国共产党大事记·1988 年[EB/OL]. 中国共产党新闻网,http://cpc. people. com. cn/GB/64162/64164/4416138. html.

[8]中国共产党 80 年大事记·1988 年[EB/OL]. 人民网,http://www. people. com. cn/GB/shizheng/252/5580/5581/20010612/487255. html.

[9]十年经济改革取得四大成就[J]. 价值工程,1989(3):19.

[10]周叔莲. 股份制在改革攻坚阶段的作用[J]. 数量经济技术经济研究,1988(11):3-6.

[11]高尚全. 在全面深化改革中发展社会主义商品经济理论[J]. 中国经济体制改革,1988(11):6-24.

[12]陈锡文. 关于农村改革的形势判断和中期改革的基本思路[J]. 农业经济问题,1988(11):3-7.

[13]刘俊林. 贯彻落实十三大精神推进干部人事制度改革[J]. 党建,1988(4):19-24.

[14]赵东宛. 建立和推行国家公务员制度[J]. 党建,1988(9):4.

[15]李佐军. 中国改革新思维——改出一个“人本市场经济”[M]. 北京:电子工业出版社,2013:64.

推动电力工业管理体制改革
(1988.12)

1988年12月，能源部召开电力工业管理体制改革工作会议，旨在贯彻执行国务院1988年10月同意的由能源部负责组织实施的《电力工业管理体制改革方案》。这是我国电力工业管理体制改革的一次重要会议，是一次推动《方案》实施的动员会。

一、重要文件

1988年12月26日，国务院发布《关于整顿税收秩序加强税收管理的决定》。

1988年12月29日，七届全国人大常委会第五次会议通过《中华人民共和国标准化法》《全国人民代表大会常务委员会关于修改〈中华人民共和国土地管理法〉的规定》。

二、重大事件

1988年12月5日，据新华社报道，国家税务局决定，在全国实行个人收入调节税应税收入申报制度，并从即日起首先在北京市海淀区进行试点。

1988年12月6日，王文京创办的用友财务软件服务社成立。

1988年12月10日，中国最大的水电工程——长江葛洲坝电厂基本建成。

1988年12月15日，北大研制出新一代电子出版系统。

1988年12月15日，经国务院批准，能源部推出我国电力工业管理体制改革方案。省电网独立核算，企业内部实行承包经营。

1988年12月16日，据《人民日报》报道，我国确定大规模开发利用长江。

三、重要论述

1988年12月2日，邓小平会见日本国际贸易促进会访华团团长樱内义时，提出中国经济发展的三个台阶："我们的改革开放已经搞了十年。这十年应该说是很成功的，它使中国经济上了一个台阶。现在我们正在上第二个台阶，即到20世纪末再翻一番，达到小康水平。上第二个台阶遇到的问题比上第一个台阶所遇到的问题还复杂。现在出现了这样那样的问题，需要进行调整，保持适当的速度，这些都是不可少的。我们治理通货膨胀、价格上涨问题，无论如何不能损害我们提出的改革开放政策，不能使经济萎缩。上第三个台阶需要花50年，那时遇到的问题将更多。国际上对我们的发展情况估计得比我们乐观一些，但我们自己要小心谨慎。现在遇到的问题总有办法解决。"

《管理世界》(1988年第6期)刊发蒋一苇的《论股份制》。文章认为，股份制不仅不会动摇社会主义公有制基础，而且将进一步发挥公有制在社会经济中的积极作用。文章针对我国经济特点，构想出劳动共有股份制模式。该模式由国有股、企业集体股、职工合作股、社会自由认购股、企业法人股五种股份构成，是所有制改革的一条新思路。

《经济体制改革》(1988年第6期)刊发周叔莲和陈佳贵的《深化企业改革与加强企业管理》。文章认为，深化改革意味着市场体系的进一步发展和完善，意味着市场调节范围的扩大和市场机制作用的加强，只有加强企业管理，提高企业的管理水平和应变能力，才能使企业适应这种情况，减少深化改革的困难和阻力。

《中国经济体制改革》(1988年第12期)刊发杨启先的《论治理经济环境与深化改革》。文章认为，在我们这样一个大国，整个经济体制的转换，不可能一蹴而就，必然有一个过程。我们当前唯一正确的出路，就是进一步深化改革，把改革继续稳步推向前进，用改革的办法来解决改革过程中出现的问题。

四、重要数据

根据国家统计局统计，1988 年全年国内生产总值 14928.3 亿元，比 1987 年增长 11.3%，其中，第一产业增长 2.5%，第二产业增长 14.5%，第三产业增长 13.2%。全社会固定资产投资 4746.8 亿元，其中，国有单位完成基本建设投资 1574.31 亿元。全国财政收入 2357.24 亿元，比 1987 年增长 7.2%；财政支出 2491.21 亿元，比 1987 年增长 10.1%。1988 年全年社会商品零售总额 7440.0 亿元，全年商品零售价格指数比 1987 年增长 18.5%。全国进出口贸易总额 3821.8 亿元，其中出口 1766.7 亿元，进口 2055.1 亿元，入超 288.4 亿元。城镇居民家庭人均可支配收入 1181.40 元，农村居民家庭人均纯收入 544.94 元。城镇居民家庭人均可支配收入 1181.4 元，比 1987 年增长 17.88%。人口自然增长率 15.73‰。

五、作者观点

【推动电力工业管理体制改革】　电力工业是国民经济的基础产业，在国民经济和人民生活中具有不可替代的重要地位。在新中国成立后相当长的一段时间里，电力都处于供不应求的短缺状态，成为影响人民生活质量、制约其他产业发展的瓶颈。缓和这种局面的办法有两种：一是加快电力工业的建设；二是改革电力工业管理体制。1978—1985 年，我国电力改革主要解决电力供应严重短缺问题。推行“集资办电”，解决电力建设资金不足问题。1988 年 10 月，经国务院批准，能源部推出《电力工业管理体制改革方案》（以下简称《方案》）。《方案》包括改革电网管理体制、理顺关系，改革企业经营机制、实施步骤等三部分内容。按照“政企分开、省为实体、联合电网、统一调度、集资办电”的方针，提出省电网独立核算，企业内部实行承包经营。《方案》对于推动我国现行电力工业管理体制改革，增强电力企业的活力，调动各方面办电的积极性，加快我国电力工业发展，适应国民经济持续稳定发展的需要，具有重要的意义。为了贯彻落实《方案》的实施，能源部于 1988 年 12 月在北京召开了电力工业管理体制改革工作会议。这是我国电力工业管理体制改革的一次重要会议，是一次推动贯彻《方案》实施的动员会。

参考文献

[1]人民日报图文数据库(1946—2018)。

[2]王振川．中国改革开放新时期年鉴(1988)[M]．北京:中国民主法制出版社,2015:919-1007.

[3]中共中央政策研究室．中华人民共和国大事记(1949—2009)[M]．北京:人民出版社,2009:413-414.

[4]吴晓灵．中国金融改革大事记[M]．北京:中国金融出版社,2008:162-163.

[5]中央财经领导小组办公室．中国经济发展五十年大事记(1949.10—1999.10)[M]．北京:人民出版社,1999:414.

[6]黄孟复．中国民营经济史·大事记[M]．北京:社会科学文献出版社,2009:189-190.

[7]中国共产党大事记·1988年[EB/OL]．中国共产党新闻网,http://cpc.people.com.cn/GB/64162/64164/4416138.html.

[8]中国共产党80年大事记·1988年[EB/OL]．人民网,http://www.people.com.cn/GB/shizheng/252/5580/5581/20010612/487255.html.

[9]吴敬琏,马国川．中国经济改革二十讲[M]．北京:生活·读书·新知三联书店,2012:88.

[10]郑法．国务院印发《电力工业管理体制改革方案》——能源部召开会议[J]．中国能源,1989(1):18-19.

[11]陈青达．试论我国电力工业管理体制的变革策[J]．浙江经济,1987(1):35-38.

[12]董希文．改革电力工业管理体制的一点意见[J]．经济体制改革,1987(5):60-64.

[13]蒋一苇．论股份制[J]．管理世界,1988(6):92-103,219-220.

[14]周叔莲,陈佳贵．深化企业改革与加强企业管理[J]．经济体制改革,1988(6):46-50.

[15]杨启先．论治理经济环境与深化改革[J]．中国经济体制改革，1988(12):10－16.

[16]李佐军．中国改革新思维——改出一个“人本市场经济”[M]．北京:电子工业出版社,2013:64.